바움가르텐의 『미학』 읽기

세창명저산책_038

바움가르텐의 『미학』 읽기

초판 1쇄 인쇄 2015년 10월 15일
초판 1쇄 발행 2015년 10월 20일
‒
지은이 박민수
펴낸이 이방원
기획위원 원당희
편집 김민균·김명희·이윤석·안효희·강윤경·윤원진
디자인 손경화·박선옥
마케팅 최성수
‒
펴낸곳 세창미디어

출판신고 2013년 1월 4일 제312-2013-000002호

주소 03735 서울시 서대문구 경기대로 88 냉천빌딩 4층

전화 02-723-8660

팩스 02-720-4579

이메일 sc1992@empal.com

홈페이지 http://www.sechangpub.co.kr/
‒
ISBN 978-89-5586-401-4 03160

ⓒ 박민수, 2015

_ 이 책에 실린 글의 무단 전재와 복제를 금합니다.
_ 책 값은 뒤표지에 있습니다.

이 도서의 국립중앙도서관 출판시도서목록(CIP)은 서지정보유통지원시스템 홈페이지(http://seoji.nl.go.kr)와 국가자료공동목록시스템(http://www.nl.go.kr/kolisnet)에서 이용하실 수 있습니다.
CIP제어번호: CIP2015027789

세창명저산책_038

Alexander
BAUMGARTEN

박민수 지음

바움가르텐의 『미학』 읽기

세창미디어
MEDIA

머리말

    우리말로 '미학'이라 번역되는 'aesthetics'나 'Ästhetik', 'esthétique' 등의 단어는 18세기 전반 독일의 철학자인 알렉산더 고틀리프 바움가르텐Alexander Gottlieb Baumgarten, 1714~1762 의 저작 제목에서 유래한다. 이 라틴어 저작의 제목은 '아이스테티카aestheitca'였고, 이는 '감각하다' 내지 '지각하다'라는 뜻을 가진 그리스어 '아이스타노마이αισθάνομαι'에 근원을 둔 말이었다.

    이런 어원에서 짐작할 수 있듯, 바움가르텐의 저작은 미와 예술의 문제만을 논한 것이 아니었으며, 좀 더 본질적으로는 인간의 감성 능력을 학문적으로 탐구하려는 의도의 산물이었다. 그의 이런 의도나 저작의 내용 그리고 단어의 어원을 생각한다면, '아이스테티카'라는 학문명은 '감성학'이라 번역하는 것이 더 적절할 수도 있다. 그렇지만 바움가르텐은 이 저작에서 감성 능력을 미와 예술이란 사안과 긴밀히 결부시켜 논하고 있으므로 '감성학'이라는 명칭도 아주 적절한 것은 아니다. 게다가 '아이스테티카'에 근원을 둔 유럽어 학문명은 우리말에서 통상 '미학'이라 번역되고 있으므로 이 입문서에서도 바움가르텐의 저작은 그냥 '미학'이라 옮기기로 하겠다.

바움가르텐의 『미학』은 감성적 인식의 특성, 미와 진리의 관계 그리고 예술의 인식 가치를 해명하려는 저작이다. 『미학』에서 이 세 가지 논제가 지닌 의미는 본문에서 좀 더 자세히 밝혀질 것이며, 여기서는 우선 바움가르텐으로 하여금 이 세 가지 논제에 관심을 집중케 한 정신사적 배경에 관해서만 간단히 짚어 보기로 하자.

17세기에 유럽에서 형성된 근대적인 인식과 학문 개념은 ―데카르트의 사상이 대변하듯― 일체의 감성적 현상에 거리를 취하고 감성적 지각에는 극도의 불신을 표명했다. 이런 불신과 회의에서 무사히 살아남은 것은 오로지 '사유하는 자아'뿐이었으며, 이제 학문의 관심은 이 자아가 어떤 인식 절차에 의해 확실한 앎에 도달할 수 있느냐는 물음에만 향했다. 흔히 합리론(자아의 사유 능력인 이성의 검토에 의해 합당한 것으로 인정된 것만을 진리로 받아들이는 이론)이라 불리는 근대의 지배적 철학은 이렇게 해서 중세적 사유 질서를 깨뜨려 버렸다. 그런데 합리론의 승리는 결과적으로 또 다른 학문 수립의 필요성을 낳았다. 그 맥락은 이렇다. 중세의 사유 질서는 인간의 감성적 지각이라든가 미라는 것에도 일정한 자리를 부여하고 있었다. 그런데 이 사유 질서가 무너졌고, 합리론은 감성이나 미의 문제를 학문 영역 밖으로 밀어냈기에 서서히 감성적 지각의 문제를 다루는 고유한 학문의 필요성이 제기되었다. 감성적 지각에 대한 학문은 경험론이나 감각론의 형태로 영국과 스코틀랜드에서 제일 먼저 출현했다. 중세 전통에서 형이상학적 관념 아래 파악되었던 미는 경험론이나 감각론의 주요 논제가 아니었지만 즐거움의 '감정'과도 결부된 것으로 이해되었기에 부수적으로 취급되곤 했다. 독일에서 합리론의 일면성을 교정하고 감성 능력에 일정한 인식 가치를 부여하려 시도한 최초 사상가들은 고트프리트 빌헬름 라이프니츠Gottfried Wilhelm Leibniz, 1646~1716와 그의 사상을 계승한 크리스티안 볼프Christian Wolff, 1679~1754였다. 그리고 바움가르텐은 이들의 영향을 받아 감성과 미의 이론을 수립하려는 포부를 품게 되었다.

유럽의 17~18세기는 르네상스 이래 출현한 미와 예술의 담론들이 활발히 이론화된 시기이기도 하다. 블라디슬로프 타타르키비츠Wladyslaw Tatarkiewicz의 대작 『미학사』(폴란드어판, 1962~1967)에서도 확인할 수 있듯, 근대 초의 미와 예술의 이론 형성에 결정적 영향력을 행사한 것은 두 가지 고대 모델, 즉 플라톤 및 신플라톤주의의 미 형이상학과 아리스토텔레스의 시학 및 수사학이었다. 물론 플라톤의 미 형이상학은 예술이론이 아니고, 아리스토텔레스의 수사학도 마찬가지이며, 그의 시학은 비극만을 다룬 저작이었다. 그러나 근대가 경과하는 중 '순수예술' 내지 '아름다운 기예'라는 관념이 형성되는 과정에서 플라톤과 아리스토텔레스의 견해가 재해석되었다. 『히피아스』나 『향연』에서 개진된 플라톤의 견해에 따르면 우리가 현실에서 경험하는 현상적 미는 이념(이데아)으로서의 미와 일정한 관계를 갖는 것이다. 근대의 사상가들은 미의 이념을 예술작품으로 표출된 예술가의 이념으로 대체하기 시작하며, 아리스토텔레스의 시학에서 유래하는 미메시스 원리에 의해 작품과 예술가의 이념 사이의 관계를 설명하려 시도했다. 그리고 이렇게 해서 미는 점차 예술미와 동일시되는 사고방식이 움트게 되었다. 이와 동시에 근대에서부터 예술 개념에 서서히 변화가 나타났다. 고대와 중세의 사유에서 'techne'나 'ars'는 인간의 산출 활동 전반을 가리키는 말이었으며, 산출 활동이란 실천적인 것(기술)과 이론적인 것(학문) 모두를 포괄했다. 그런데 이제 순수예술 내지 아름다운 기예라는 관념은 이 두 가지를 모두 배제하기 시작했다. 예술은 수공업적 제작보다 더 고귀한 것이며 학문과도 다른 무엇으로 이해되기 시작한 것이다. 바움가르텐의 『미학』 또한 이런 변화를 배경에 두고 있다.

그런데 이상에서 설명된 '배경'은 바움가르텐의 『미학』을 존립하게 한 전제 같은 것이지만, 다른 한편으로는 『미학』과 대조되어 이 저작을 더욱 돋보이게 하는 것이기도 하다. 감성의 가치절상을 가져온 라이프니츠와 볼프의 철학이 없었다면 『미학』이 탄생하기 어려웠겠지만, 바움가르텐은 미와 예술의 문제에 대한 두 스승의 낮은 관심도에 만족할 수 없었다. 그리고 르네상스 이후 유럽에서는 고대 전통을 재해석한 다양한 예술과 미의 이론이 산출되었지만, 바움가르텐 생전까지만 해도 철학적 근거를 가진, 달리 말해 학문의 성격을 가진(당시만 해도 철학과 학문은 거의 동의어였다) 예술이론은 출현하지 않고 있었다. 바움가르텐은 라이프니츠-볼프주의의 형이상학을 기초로 삼아 미와 예술의 철학을 수립하려는 포부를 품었다. 이런 포부에서 탄생한 『미학』은 —비록 미완성으로 머물렀지만— 감성의 이론과 미의 형이상학 그리고 예술의 이론을 결합한 근대 최초의 저작이 되었다.[1] 이 세 영역의 이론은 미와 예술에 관한 근대의 논의에서 지속적으로 등장했지만 종합적이고 체계적으로 다뤄진 적이 없었으나, 바움가르텐 이후에는 미학이란 학문에서 종합적으로 다뤄져야 할 핵심 문제로 자리 잡는다.

이 책에서는 이런 의미를 갖는 『미학』의 내용을 소개할 것이며, 그에 앞서 우선 바움가르텐의 생애가 간단히 서술될 것이고, 그의 미학 사상에 직접적 영향을 미친 라이프니츠와 볼프 철학의 주요 내용도 검토될 것이다.

---

1 Brigitte Scheer, *Einführung in die philosophische Ästhetik*, Darmstadt, 1997, p.55 참조.

| CONTENTS |

1장
바움가르텐의 생애

알렉산더 고틀리프 바움가르텐은 1714년 베를린에서 개신교인 루터파 목사의 다섯 번째 아들로 태어났다. 어머니는 그가 세 살 때 세상을 떠났으며, 아버지 또한 그가 여덟 살 때 죽음을 맞았는데, 아버지는 자식들 모두가 할레대학에서 신학을 공부하길 원한다는 유언을 남겼다. 큰형과 둘째 형이 아버지의 유언에 따라 할레대학으로 떠난 후 어린 알렉산더는 외할머니의 손에 맡겨졌다. 이 무렵 그는 아버지의 친구였던 공직자의 주선으로 마르틴 크리스트가우 Martin Christgau란 교사의 지도를 받게 되었다. 크리스트가우는 당시 궁정 고문관 자제들의 가정교사로, 바움가르텐도 그

수업을 함께 듣게 된 것이다. 크리스트가우는 학식이 풍부하고 특히 라틴어 문학에 조예가 깊은 인물이었으며, 어린 바움가르텐은 그를 통해 라틴어 문학의 세계를 알게 되었다. 1727년 초 크리스트가우가 베를린의 한 수도원 부속 김나지움에 교사로 취임하자, 바움가르텐 역시 그 학교에 입학했지만, 같은 해 두 형이 있는 할레로 이주하게 되었다. 바움가르텐의 맏형 야콥 지그문트 바움가르텐Jacob Siegmund Baumgarten은 후일 유명한 신학자이자 교회사가가 된 인물로 당시 할레의 어느 고아원 학교에서 교사로 일하고 있었다. 바움가르텐은 맏형이 일하던 고아원에서 생활하게 되었고 그곳 부속학교에도 입학했다. 이 학교에서 그는 우수학생으로 선발되어 신학과 법학, 의학을 배웠고 맏형에게서는 라틴어와 철학 수업을 받았다.

바움가르텐은 이 철학 수업에서 처음으로 볼프 철학을 접하게 되었다. 볼프는 독일 합리론 철학의 대표적 인물로 1707년부터 할레대학의 교수였다. 그런데 독일 루터파 교회가 신앙심을 높이기 위해 시작한 운동인 경건주의Pietismus 가 득세하고 할레대학이 이 운동의 중심지가 되자, 볼프는 이들과 신학 논쟁을 벌이게 되었다. 이 논쟁 끝에 볼프의 합리론 사상은 기독교에 적대적인 것으로 낙인 찍혔고 그는 1723년 대학에서 쫓겨났다. 볼프는 좀 더 자유주의적인 마르부르크대학으로 적을 옮겼으며, 이후 할레에서는 볼프의 저작을 연구하는 것이 법으로 금지되었다. 그런데 당시 독일의 많은 젊은 지식인이 합리주의·계몽주의적인 볼프 철학을 적극적으로 수용했다. 바움가르텐의 맏형인 야콥도 그런 사람 중 하나였다. 그는 볼프 철학에 우호적이었던 고아원장의 비호 아래 남몰래 학생들에게 볼프 철학을 가르쳤다.

바움가르텐은 1730년 열여섯의 나이로 할레대학에 입학해 신학과 문헌학, 시학, 수사학 그리고 철학을 공부했다. 그는 철학에서 특히 라이프니츠와 볼프의 사상에 매료되었다. 볼프 철학이 금지되어 있지 않던 예나로 가서 남몰래 철학 수업을 듣기도 했다. 당시 예나대학의 교수와 강사 중에는 볼프 신봉자들이 적지 않았다. 바움가르텐은 여러 볼프주의 저작들도 탐독했다. 그는 할머니와 맏형의 조언에 따라 대학에서 학생들을 가르치는 직업을 택하기로 결심하고, 1735년 석사학위를 받았다. 그리고 같은 해 발표한 저술 『시의 몇 가지 조건에 관한 철학적 성찰*Meditationes philosophicae de nonnullis ad poema pertnentius*』로 강의 자격을 획득했다. 1737년부터 바움가르텐은 할레대학의 비전임 교수로서 철학사와 철학 개요, 논리학, 형이상학, 자연법, 윤리학 그리고 시학을 가르쳤다. 1739년 바움가르텐은 최초의 방대한 저작인 『형이상학*Metaphysica*』을 출간하며 서문에서 이 저작이 라이프니츠와 볼프의 사상에서 커다란 영향을 받은 것임을 분명히 밝혔다. 이듬해 바움가르텐은 프랑크푸르트 안 데어 오더에 소재한 비아드리나대학의 정교수로 임명되며, 같은 해 『철학적 윤리학*Ethica philosophica*』을 출간했다.(이 해에 볼프도 복권되어 할레대학으로 복귀했다.) 바움가르텐의 이 두 저작은 아직 합리론의 영향 아래 있던 칸트가 강의 교재로 사용한 책들이기도 하며, 바로 그랬기에 후일 칸트의 비판철학에서 집중적 비판의 대상이 되기도 했다.

프랑크푸르트의 비아드리나대학에 취임할 무렵 바움가르텐은 베를린의 어느 궁정 고문관의 딸과 결혼했으나 4년 후 사별했다. 1748년 그는 두 번째 아내를 맞았으며 세 명의 자식을 얻었다(막내는 출생 직후 사망했다). 바움가르텐은 비아드리나대학에서 철학의 거의 모든 분야와 자연학, 사회와 법에 대한 학문, 문헌학, 히브리문법과 교의신학을 가르쳤다. 미학에 관한 강의는 1742년 최초로 개설했다. 프랑크푸르트 시기에 그의 주된 관심사 중 하나는 청년기의 연구 주제이기도 했던 시와 예술이었다. 그리하여 그는 1750년 여러 차례 강의를 바탕으로 한 저작 『미학』의 1권을 출간했으며, 앞서도 언급했듯 이 저작의 제목이 이후 새로운 철학 분과의 명칭으로 자리 잡게 되었다.

그러나 1751년부터 바움가르텐의 건강이 악화되는데, 그 주된 원인은 폐결핵이었던 것으로 추정된다. 이후 10여 년 동안 그는 잃어버린 건강을 되찾지 못했지만 충실히 연구를 수행하여 또 다른 주요 저작들인 『제일 실천철학의 기본 원리Initia philosophicae practicae primae』(1760)와 『볼프 논리학 독본Acroasis logica in Christianum L. B. de Wolff』(1761)를 출간했다. 『미학』의 2권은 출판업자의 독촉에 못 이겨 1758년 출간되지만, 1권과 2권을 모두 합쳐도 이 저작은 바움가르텐이 애초 계획한 내용 중 1/3가량만을 담고 있었다. 1762년 갑작

스레 병세가 악화된 그는 그해 4월 28일 세상을 떠났다. 바움가르텐의 사후에도 여러 저작이 출간되었다. 대표적인 것으로는 『자연법*Ius naturae*』(1763), 『철학 백과 개요*Sciagraphia encyclopaediae philosophicae*』(1769), 『일반 철학*Philosophica generalis*』(1770) 등이 있으며, 1796~1797년에는 그가 병상에서 구술한 『예수의 말씀에 관한 생각*Gedanekn über die Reden Jesus*』이 세상에 나왔다.

2장
『미학』의 사상적 배경과 출발점

　바움가르텐의 『미학』은 라이프니츠와 볼프의 철학을 토양으로 삼아 탄생한 것이다. 앞서 간추린 전기에서도 암시되었듯, 바움가르텐은 청년 시절부터 이 두 철학자의 사상에서 절대적인 영향을 받았다. 바움가르텐의 최초 주요 저작인 『형이상학』은 그의 생전에만 제4판까지 나올 정도로 독일 지식인들에 의해 널리 읽혔다. 이 저작은 이른바 '라이프니츠-볼프' 철학의 형이상학을 체계적으로 풀이한 것이었다. 『철학적 윤리학』을 비롯한 바움가르텐의 여타 저작들도 라이프니츠-볼프 철학의 전통 속에서 집필되었음은 물론이다. 사실 바움가르텐뿐 아니라 18세기 전반 독일의 대다수 지식인은 라이프니츠-볼프 철학의 지배적 영향 아래 있었다. 바움가르텐의 저작들은 이런 영향을 공유하는 동시에 그 영향력을 강화하고 확산시키는 데 기여한 것들이라 할 수 있다.

라이프니츠는 독일 근대 철학에 새로운 세계를 열어 주었으며, 이런 맥락에서 "독일 근대 철학의 실질적 창시자"[2]라 불리기도 한다. 동시에 그는 독일 합리론 미학의 생성과 발전에 결정적인 영향을 미친 인물이기도 하다. 물론 라이프니츠는 미와 예술의 문제를 집중적으로 사유한 적이 없으며, 이 논제에 관해 체계적 사상을 제시한 적도 없다. 그럼에도 불구하고 그가 근대 독일 미학의 생성과 발전에 결정적인 영향을 미쳤다고 평가되는 까닭은 그의 사상이 18세기 전반 독일 합리론 미학의 태동과 전개 과정에서 본질적 동인으로 작용했으며, 더 나아가 그의 여러 철학 용어가 —볼프에 의한 독일어 번역을 거쳐— 초기 미학 개

---

2 Alfred Baeumler, *Das Irrationalitätsproblem in der Ästhetik und Logik des 18 Jahrhunderts bis zur Kritik der Urteilskraft*, Halle 1923, Nachdruck: Darmstadt, 1967, p.38.

념의 형성 또한 자극했다는 점에 있다. 라이프니츠의 사상은 인간 감성 영역의 인식론적 가치를 발견하고 그 존재론적 지위를 격상시키는 내용을 담고 있었다. 이런 사상 덕분에 인간의 감성 영역 및 이와 결부된 미와 예술의 체험을 학문적으로 성찰하려는 바움가르텐의 『미학』이 탄생하고 이후 '미학'이란 철학 분과가 독일에서 융성할 수 있었던 것이다.

그런데 바움가르텐을 비롯한 18세기 전반의 독일 지식인들이 접했던 라이프니츠는 대개 볼프라는 여과기를 거친 것이었다. 라이프니츠는 무수한 저술을 남긴 사상가였지만 당대에 공식적으로 출간된 그의 저작은 지극히 소수였고 독일의 지식인들은 주로 볼프의 소개와 정리 작업을 통해서 라이프니츠 철학을 접했기 때문이다. 영향력을 기준으로 삼는다면, 18세기 전체에 걸쳐 볼프만큼 커다란 그림자를 독일 철학에 드리운 인물로는 칸트 정도를 꼽을 수 있을 것이다. 물론 흔히 통용되는 '라이프니츠-볼프 철학'이라는 용어가 이미 암시하듯, 볼프의 사상은 라이프니츠 철학의 아류라는 평가를 듣곤 한다. 볼프의 사상은 오로지 라이프니츠 사상의 그늘 속에서만 의미를 가질 뿐 독창적인 점은 별로 없다는 것이다. 이런 평가에 의하면 볼프의 공적은 라이프니츠의 사상을 좀 더 체계화하고, 주로 프랑스어와 라틴어로 서술된 라이프니츠의 사상을 독일어로 재서술하여 그에 대한 독일인들의 접근을 용이하게 했으며, 이 과정에서 독일어 철학 용어를 정립했다는 점 등으로 정리된다.[3] 그렇지만 볼프의 사상은 라이프니츠 철학의 그늘에 완전히 가려질 수 있는 것이 아니다. 라이프니츠의 사상을 단순히 재서술하는 듯한 대목에서도 볼프는 자신의 새로운 관점과 발상을 드러내기 때문이다.

볼프를 전적으로 라이프니츠 사상에 의존한 철학자로 평가하든 아니든, 18세기 전반 바움가르텐이 '미학'이란 분과의 필요성을 깨닫고 이런 발상을 체계화시키는 과정에서 좀 더 직접적인 영향을 받은 것은 라이프니츠보다는 볼프의 저작이었다. 이 점은 나중에 좀 더 분명하게 밝혀질 것

3 Charles A. Corr, Christian Wolff and Leibniz, *Journal of the History of Ideas*, Vol. 36, No. 2, 1975, pp. 241-262, 여기서는 p. 241 참조.

이다. 하지만 볼프의 철학은 라이프니츠의 사상이 없었다면 탄생하지 못했을 것이니만큼 볼프 철학의 이해를 위해서는 라이프니츠 철학에 대한 이해가 선행되어야 한다. 따라서 먼저 라이프니츠의 사상을 간단히 살펴보고, 이어서 볼프 철학에 대해 알아보도록 하겠다. 물론 라이프니츠와 볼프의 철학 전반을 상세히 서술할 수는 없을 것이며, 『미학』의 사상적 배경과 출발점으로 이해될 만한 대목에만 초점을 맞출 것이다. 더불어 바움가르텐보다 조금 앞서 미와 예술의 철학을 수립하려 한 고트셰트와 스위스인들의 시도에 대해서도 간단히 알아보겠다.

1. 라이프니츠의 철학

1) 데카르트의 이원론

라이프니츠가 생각한 핵심적인 철학적 과제는 17세기 철학자 데카르트가 제시한 이원론의 극복이었다. 근대 합리론 철학의 창시자라 할 수 있는 데카르트에 따르면 이 세계는 두 종류의 실체로 구성되는바, 하나는 연장延長을 갖는(즉 일정한 공간을 차지하며 존재하는) 실체이고 다른 하나는 그렇지 않은 실체이다. 전자는 이 세계에 존재하는 일체의 물질 내지 물체(여기에는 인간의 신체도 포함된다)를 말하고 후자는 '생각하는 나cogito'로서의 지성 혹은 이성이며, 데카르트는 이를 '정신'이라 부르기도 한다. 이 세계에서 연장적 실체는 오로지 기계적 인과법칙에 따라 존재하며, 정신적 실체는 그런 결정적 법칙에 따르기보다는 그 법칙을 파악하고 이해한다.

여기서 중요한 점은 ―앞서 머리말에서도 잠깐 언급되었듯― 데카르트가 지성 내지 이성, 즉 논리적 사유 능력이 아닌 모든 것을 정신적 실체에서 배제한다는 점이다. 그에 따르면 인간의 모든 감성적 능력은 연장적 실체인 신체에 속하는 것이며, 그럼에도 불구하고 흔히 우리의 생각에 개입하기 때문에 경계 대상이 된다. 즉 데카르트는 인간의 감성이란 오류와 착각의 근원이기에 세계에 대한 인식 과정에서 배제되어야 마땅하다고 여겼다. 그의 견해에 의하면 참된 인식의 방법은 직관과 연역이다. 직관은 감성적 경험과는 무관한 것으로서 참다운 인식을 얻게 해 주는데 참된 인식의 기준은 '명석함'과 '판명함'이다. 명석함이란 이성에 분명히 나타나기 때문에 도저히 부인할 수 없음을 뜻하고, 판명함이란 다른 인식들과 분명하게 구분된다는 뜻이다. 데카르트가 제시한 사유의 제1 원리, 즉 '나는 생각한다. 고로 나는 존재한다' 같은 것이 바로 명석하고 판명한 인식이다. 이런 명석·판명한 인식은 별도의 증명이 필요하지 않은 공리이다. 연역은 이런 공리에서 이성적 추론으로 필연적 결론들을 도출하는 것을 말한다. 데카르트가 이 연역의 방법에서 염두에 두는 것은 수학과 기하학의 방법이다.

데카르트의 사상은 사유하는 주관을 인식과 행위의 근본으로 삼는 서양 근대 철학의 시작을 알리는 신호였지만, 17세기가 경과하는 동안 엄격한 그의 이원론이 지닌 문제점이 점차 노출되었다. 우선 데카르트는 정신과 물체를 엄격히 분리할 뿐, 이 둘 사이의 관계를 명확히 규정하지 않았으며, 이 관계의 좀 더 설득력 있는 규정은 후세대 철학자들에게 맡겨졌다. 다음으로 데카르트는 인간 본성이 본질적으로 순수한 지성이며 인간 영혼에서 순수한 사유가 아닌 것은 탐구의 대상이 되지 않는다고 보았던 반면, 데카르트 이후 계몽주의 철학자들은 점차 인간의 감성 능력 또한 인간 실존의 불가결한 조건인 것으로 이해하려고 했다. 이들에 의하면 인간의 지각, 쾌 또는 불쾌의 감정, 욕구, 기억 그리고 상상과 같은 능력도 인간 고유의 능력으로서 탐구될 필요가 있었고, 또 이런 능력들의 산물인 명석·판명하지 않은 지각 내지 표상도 전혀 가치 없는 것은 아니었다.

2) 모나드론

독일 사상계에서 데카르트의 이원론을 교정할 필요성과 인간의 감성적 측면에 주목해야 할 근거를 제일 먼저 제기한 인물이 바로 라이프니츠였다. 데카르트는 세계를 구성하는 실체를 정신과 물체 두 가지로 나누고 이 두 실체를 철저히 분리했던 반면, 라이프니츠는 세계가 단 한 종류의 실체로 구성된다는 견해를 주장함으로써 데카르트의 정신–물체 이원론을 극복하려 했다. 이 새로운 실체 개념은 라이프니츠의 사상에서 '모나드Monad'란 개념으로 등장한다. 라이프니츠에 의하면 모나드는 단순성과 분할 불가능성을 기본 특징으로 한다. 모나드가 이런 성질을 갖는다는 것은 더 작은 것으로 분해되지 않으며 따라서 가장 근원적인 요소라는 뜻이다. 그런데 라이프니츠에 따르면 이 모나드는 오로지 정신적인 것이다. 즉 라이프니츠는 데카르트와 달리 물질적 실체의 존재를 부정한다. 그에 의하면 물질, 즉 연장된 것은 실체일 수가 없다. 연장된 것은 분할될 수 있고, 분할된 것 역시 연장된 것이므로 또다시 분할될 수 있고, 이런 식으로 무한히 분할 가능하게 되기 때문이다. 그런데 무한 분할이 가능한 것은 근원적인 것일 수 없으므로 물질은 결코 실체가 될 수 없다. 물론 라이프니츠는 세계 내에 물질 내지 물체로 여겨지는 것이 있다는 점은 인정하지만 이는 사실 정신의 산물일 뿐이라고 이해한다.

정신적 실체로서 모나드가 하는 일이 무엇인지 이해하려면, 라이프니츠가 제시하는 '지각perceptio'과 '욕구appetitus', '세계 표상repraesentatio mundi' 그리고 '예정 조화prästabilierte Harmonie'라는 네 가지 개념에 주목할 필요가 있다. 라이프니츠에 의하면 모나드의 정신적 활동이란 근본적으로는 '지각'이다. 여기서 그는 정신의 의식적 활동만을 지시하는 —데카르트의— '사유' 대신 영혼의 활동 일반을 지시하는 '지각'을 실체에 결부시킨다. 이렇게 해서 사유함과 사유하지 않음 이라는 이분법 대신 지각 활동의 정도 차이를 실체 형이상 학에 도입하는 것이다. 그에 따르면, 지각은 개별 모나드 가 세계의 다양한 면모를 나름의 방식으로 정리하여 수용 하는 활동이라 이해된다. 세계 내의 모든 실체는 영혼 활 동인 지각 내지 표상 활동을 하며, 인간에서 자그마한 돌멩 이에 이르기까지 개별 실체들의 차이란 지각 활동에서의 점진적 차이에 불과하다.(돌처럼 생명이 없는 듯한 사물도 사실은 미미한 지각 활동을 수행하며 따라서 실체성을 지니고 있다.) 다만 인 간처럼 높은 등급의 모나드는 높은 수준의 지각 활동인 의 식적 지각 활동을 수행할 수 있다. 이처럼 반성적으로 의 식될 수 있는 정신 상태는 라이프니츠에 의해 별도로 '통각 apperceptio'이라 불린다. 그런데 개별 모나드의 지각은 늘 한 상태에만 머물러 있지 않다. 그럴 것이 정신적 실체인 모 나드는 생명성을 지니고 있기 때문이다. 모나드의 이러한 생명성은 라이프니츠에 의해 '힘vis' 혹은 '욕구'라 표현되기 도 하는데, 이런 생동적 능력이 한 모나드 내에서 부단히 지각의 교체와 변화를 야기한다.

이처럼 라이프니츠는 지각과 더불어 모든 실체를 힘 내지 욕구란 속성에 의해 이해한다. 그런데 실체인 모나드는 그 어떤 외적 자극이 아니라 오직 내적 소질 내지 잠재성에 근거해서만 지각하고 욕구한다. 그는 이러한 실체론을 다음과 같은 명제로 간략히 표현하곤 한다. "모나드들에는 다른 것이 드나들 수 있는 창문이 없다." 그런데 개개의 모나드가 세계를 나름의 방식으로 지각하는 것이라면, 이 지각은 나름의 '세계 표상'이라고도 이해될 수 있다. 모나드의 이러한 표상 내지 재현 활동은 라이프니츠에 의해 세계를 비추는 거울에 비유되기도 한다. 그리고 모든 모나드는 개별적이므로, 즉 어떤 모나드도 다른 모나드와 완전히 같을 수는 없으므로 세계의 표상 내지 재현은 무수히 다양할 수밖에 없다. 따라서 이 세계에 대한 관점은 모나드들의 상이함만큼이나 다양하게 존재한다. 그런데 이런 다양성과 개별성만 존재하고 이를 통일시키는 장치가 없다면 세계는 카오스로 전락할 것이다. 이 지점에서 라이프니츠는 신을 끌어들인다. 창조주로서의 신은 세계 내 개별자들의 다양성을 조화로운 연관 속에 있게 하는 절대적 존재자다. 다양한 개별자들의 조화는 신에 의해 '예정'되어 있다(예정조화설). 라이프니츠는 실체들의 무한한 다양성과 이를 하나처럼 조화시키는 신의 역량에 의해 마련되는 조화를 '가능한 최고의 질서와 결합된 가능한 최대의 다양성'이라고도 부르며, 이는 '가능한 최고의 완전성'과 동일시된다.

3) 진리 이론

라이프니츠는 진리를 '이성의 진리'와 '사실의 진리'로 구분한다. 이성의 진리란 필연적이고 영원한 진리, 시간과 공간적 현실에서 독립되어 신의 정신 속에 현전하는 진리이다. 필연적 진리로서 이성의 진리에는 형이상학의 명제와 논리학 및 수학의 명제 등이 속한다. 형이상학의 명제란 '모든 존재하는 것들은 존재해야 하는 필연적 이유가 있다'는 내용의 충분이유율을 비롯해서 존재 일반의 원리와 그로부터 도출되는 명제들을 일컫는다. 논리학과 수학의 명제들은 '어떤 명제도 참인 동시에 거짓일 수 없다'는 배중률[4]과

---

4 참도 거짓도 아닌 중간은 배제하는 원리. 'a이면서 동시에 ~a일 수는 없다'로

공리적·연역적 구성을 통해 성립하는 명제들이다. 그에 비해 사실의 진리는 경험적·역사적으로 획득되는 지식으로 '시저가 루비콘 강을 건넜다'라든지, '지구의 자전주기는 24시간이다'와 같은 명제가 여기에 속한다. 이런 명제는 원칙적으로 그에 대한 반론이나 다른 가정이 가능하다는 의미에서, 다시 말해 모순율 내지 배중률에 의존하지 않는다는 점에서 필연적이 아니며 따라서 우연적인 명제이다.

그런데 라이프니츠의 생각에 의하면, 모든 사실의 진리 역시 궁극적으로 필연적 진리, 즉 이성의 진리로 변할 수 있어야 한다. 그럴 것이 충분이유율에 따른다면, 그리고 이와 결부된 것으로서 모나드의 자기충족성의 원리에 따른다면, 일체의 현실적 사태가 그 자체로 존재하는 데는 근본적으로 합당한 이유가 있기 때문이다. 물론 우리 인간은 신적 이성을 소유하지 못했기에 개별 사태의 필연적 원인을 모두 알 수는 없다. 그러나 만약 우리가 이해를 위해

표현되는 배중률은 'a는 a다'로 표현되는 동일률과 'a는 ~a가 아니다'로 표현되는 모순율에서 도출되는 원리이다.

요구되는 자료를 점점 더 많이 수집하고 분석할 수만 있다면 점진적으로나마 사태들의 필연적 원인을 밝혀 나갈 수 있으리라는 것이 라이프니츠의 생각이다. 요컨대 라이프니츠는 원리적으로 우연의 존재를 인정하지 않고 궁극적으로는 ―이성을 사용해서 부단히 추론을 전개해 나간다면― 모든 사태가 필연적인 것으로 규정될 수 있으리라 예견한다.

4) 지각 이론

앞서 보았듯, 모든 존재자의 실체적 본성인 영혼 활동은 라이프니츠에게서 점진적으로만 차이를 보인다. 어떤 존재자든 실체로서 정신적 활동을 수행하는 한 절대적으로 무의식적이지는 않으며, 존재자들은 물리적 존재자에서 동식물 등의 유기체를 거쳐 통각과 이성을 지닌 인간에 이르기까지 연속적인 발전을 보여 준다. 이들 사이의 비약적 단절과 빈틈이란 존재하지 않는다. 라이프니츠는 이러한 원리를 '연속성의 원리'라 부르면서, "자연은 비약을 하지 않는다"라는 테제로 표현하기도 한다. 그런데 의식 정도의 점진적 차이는 인간의 정신세계 내에서도 나타나기 마련이다. 인간이란 실체는 통각 외의 다양한 수준의 지각 내지 표상 활동을 수행하기 때문이다. 라이프니츠는 의식의 이러한 점진적 단계를 다음과 같이 구분한다.

인식은 애매obscura하거나 명석clara하며, 명석한 인식은 다시 모호confusa하거나 판명distincta하다. 그리고 판명한 인식은 비충전적inadaequata이거나 충전적adaequata이다. 마찬가지로 충전적인 인식은 상징적symbolica이거나 직관적intuitiva이다. 가장 완전한 인식은 충전적인 동시에 직관적인 인식이다.[5]

라이프니츠는 여기서 데카르트가 사용한 '명석'과 '판명'이란 개념 외에 몇 가지 또 다른 용어들을 도입하고 있다. 라이프니츠에 의하면, '명석'은 어떤 대상을 그것의 외적 징

---

5 Gottfried Wilhelm Leibniz, Betrachtungen über die Erkenntnis, die Wahrheit und die Ideen, ders., *Philosphische Schriften*, hrsg. u. übersetzt von Wolf von Engelhardt und Hans Heinz Holz, Frankfurt am Main 2000 (2. Aufl.), 5 Bde.: Bd. 1: *Kleine Schriften zur Metaphysik*, pp.25-47, 여기서는 p.32 이하.

표에 근거해서 다른 대상과 구별할 수 있는 수준의 의식 상태를 가리킨다. 또한 이런 성질을 결여한 의식 상태는 '애매'하다고 규정된다. 그리고 '판명'이라 함은 대상을 그것이게 하는 원리적 근거에서 인식할 수 있는 의식 상태를 가리키며 이런 성질을 결여한 의식 상태는 '모호'하다고 정의된다. '충전'이란 어떤 사물의 정의를 그와 관련된 모든 세부적 요소 개념에 이르기까지 완벽하게 이해하여 그 사물을 식별할 경우의 의식 상태를 가리킨다. 다시 설명하자면 언젠가 지각했던 대상을 그와 유사한 대상들 사이에서 재인식해 내지 못한다면, 그 인식은 '애매'하다. 반면 기억이나 감각을 통해 그 대상을 구별해 낼 수 있지만 그 대상의 본질을 식별하지 못한다면, 이는 '명석'한 인식이다. 그러나 명석하기만 한 인식은 동시에 모호한 것이기도 하며, 이런 인식은 동물도 가능하다. 그와 달리, 본질의 식별은 이성을 가진 존재만 가능한 것이므로 '판명한' 인식은 이성적 존재(인간과 신)만 가능하다. 만약 우리가 인간의 두 가지 본질적 특징인 '이성적임'과 '동물적임'을 통해 인간과 여타 동물을 구분한다면 이러한 인식은 판명한 것이다. 하지만 이

〈표 1〉

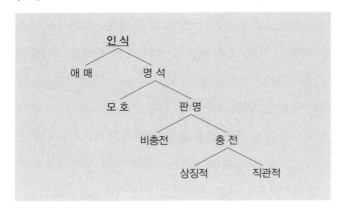

때 이성과 동물이란 두 개념에 대해 명석하기만 할 뿐 판명
한 인식을 갖지 못한다면 이 인식은 비충전적이다. 인식은
한 개념에 대한 무한분석을 통해 이를 구성하는 일체의 요
소들에 대해서도 판명한 개념을 가질 수 있을 때만 '충전적'
이다. 라이프니츠는 인간이 이런 충전적 인식에 도달할 수
있는가에 대해서는 분명한 결론을 내리고 있지 않다. 인간
은 기호, 언어 등의 '상징'을 통해 본질을 식별하고 정리할
수 있을 뿐, 신적 존재자처럼 이런 상징들의 도움 없이 '직
관적'으로 일체 본질을 인식할 수는 없다. 이상의 인식 단

계 구분을 도표로 정리하면 〈표 1〉과 같다.

　이러한 구별에 근거할 때, 결국 라이프니츠에게서 인간의 의식 내지 인식 상태란 (1) 명석하지 못하고 애매하거나, (2) 명석하지만 모호하거나(즉 판명하지 못하거나), (3) 명석한 동시에 판명하다는 3가지 중 하나에 속한다. 이때 개개 실체들의 관계 및 개별 실체 내 사유의 연속성과 관련해서 중요하고 불가결한 요소인 비통각적인 무의식적 지각—라이프니츠의 다른 표현으로 '미소지각petite perceptiones'—은 (1)과 (2)의 의식 상태를 구성한다고 할 수 있다. 예컨대 바닷가에서 들려오는 소리에 귀 기울일 때, 우리는 이 소리를 구성하는 다양한 요소들을 세세하게 구별하기 어렵다. 그 요소들이 너무 사소하고 너무 많거나 지나치게 단조롭기 때문이다. 이런 소리의 인상처럼 애매하고 명석하지 못한 지각이 바로 미소지각이다. 그러나 미소지각은 명석할 수도 있다. 이러한 의식 상태에서는 어떤 대상이 식별되고 재인식될 수 있지만 그 대상이 개념적으로 분석되거나 정의되지는 않는다. 이런 의식 상태에서는 대상이 지성에 의해 분석·해체되지 않은 채 여전히 일종의 복잡한 덩어리 상태를 유지한다고도 말할 수 있다. 라이프니츠는 이런 의식 상태를 설명하기 위해 종종 예술 경험과 관련된 사례를 제시하곤 한다. 일례로 우리는 어떤 시나 그림의 호불호와 관련된 명석한 의식을 지니면서도 그 이유를 개념적으로 설명하지 못하는 경우에 자주 직면한다. 마지막으로 (3)의 명석하고 판명한 의식 상태에서는 인식된 대상의 학문적 해명이나 정의가 가능하며, 따라서 그에 관한 논리적 검증이나 개념적 규정, 달리 말해 학문적 정초가 가능하다.

인간 의식의 학문적 고찰과 관련지어 보면, (3)의 영역은 명석하고 판명한 인식을 얻기 위한 사유의 규칙, 즉 전통적 논리학의 영역에 결부된다. 그에 비해, (1)과 (2)의 의식 상태를 다루는 학문적 영역은 라이프니츠가 생존할 당시까지는 존재하지 않았다. 라이프니츠는 이 영역과 관련된 독자적 학문 영역을 제창하지는 않았지만, 미소지각과 관련된 의식 상태에 일정한 인식 가치와 기능을 부여한 것이 사실이다. 미소지각, 즉 이성이 아닌 인간의 감성 능력에 의한 지각은 비록 애매하거나 모호하기는 해도 현실 인식의 어떤 형식을 제공한다. 그리고 라이프니츠의 연속성 원리에 따르면 이러한 인식과 이성의 인식은 점진적으로만 구분될 뿐 결코 절대적인 구획에 의해 분리되지 않는다.

5) 완전성과 진·선·미

앞서 보았듯, 라이프니츠에게 세계의 조화 내지 질서란 '단일성과 다수성의 화합', '단일성 내에서 개별자들의 상응과 합치'를 뜻하며 이런 조화 내지 질서는 완전성의 개념과 같은 것이기도 하다. 신이 창조한 세계의 완전성은 그에게서 '최대의 다양성과 최고의 단일성의 통일'이라는 관념과 결부되어 이해된다. 그리고 개별 실체들의 완전성도 그 자체의 조화 정도에 근거해서 측정되고 분류된다. 즉 단일성과 다수성의 조화가 크면 클수록 ―더 많은 요소가 단일성으로 통일될수록― 완전성도 커진다. 이러한 완전성 개념은 라이프니츠의 사유에서 인간의 인식적 진리나 도덕적 선함과도 결부된다. 우리가 어떤 개체나 세계 일부와 관련해서 이를 구성하는 요소들의 조화를 더 높은 정도에서 인식할수록 ―달리 말해, 가능한 한 논리적 모순을 피하고 높은 명석성과 판명성의 정도에서 인식할수록― 우리 인식

의 완전성은 커진다. 또 모든 실체는 자신을 구성하는 다원
적 요소들을 충분히 조화시킬 수 있을 때 선하다. 예컨대
인간은 자신을 구성하는 요소 중 정념과 의지라 불리는 것
들에만 의존하지 않고 이를 ―이 세계의 창조주인 신의 궁
극적 목적을 이해할 수 있는― 이성적 능력과 조화시킬 때
만 선하게 된다. 더 나아가, 라이프니츠는 이러한 완전성
개념을 미의 정의에도 원용한다. 단일성과 다수성의 조화,
즉 완전성은 아름다운 것이다. 한 가지 중요한 점은 라이
프니츠가 미로서의 완전성을 진이나 선으로서의 완전성과
구분할 때, 인간의 긍정적 감정, 즉 복이나 즐거움, 애호 등
의 감정을 끌어들인다는 점이다. 즉 인간은 미로서의 완전
성을 접할 때 커다란 즐거움을 느끼는데, 이 지점에서는 미
로서의 완전성이 진과 선의 완전성과 다소 구별된다. 그러
나 라이프니츠는 어째서 미로서의 완전성만 유독 강렬한
즐거움의 감정을 유발하는지에 관해 분명하게 설명하지는
않는다.

2. 볼프의 철학

1) 영혼 능력의 등급

볼프의 저작 중 라이프니츠의 지각 이론 및 완전성과 미의 이론에 직접 연계되는 내용을 담고 있는 것은 『경험적 영혼론*Psychologia empirica*』(1732)이다. 인간의 의식 활동을 다룬 이 저작은 그가 1719년 간행한 『독일 형이상학*Deutsche Metaphysik*』에 포함되었던 내용을 좀 더 정교하게 다듬은 것이다. 『경험적 영혼론』은 크게 두 부분으로 나뉜다. 볼프는 1부에서 인간의 영혼에 관해 일반적 설명을 제시한 후, 영혼의 인식 능력을 다루며(§§ 11-508),[6] 2부에서는 욕구 능력

---

6 볼프나 바움가르텐의 저작에서는 '§'나 '§§'란 표시가 빈번히 사용되고 있다. 이는 18세기 문헌에서 흔히 볼 수 있는 것으로, 저자가 의미 단위를 나누는 표시, 쉽게 말해 단락 표시이다. 바움가르텐의 『미학』은 '미학'의 정의가 제시된 § 1에서 시작하여 § 904에서 끝난다. 이 904개의 항이 다시 52개의 절로 구획된다. 그리고 이 52개의 절이 그가 기획한 체계의 제1부, 제1장을 이루고 있다. 바움가르텐이 출간한 두 권의 『미학』은 이 제1부, 제1장으로만 이뤄져 있다 (이 책의 부록으로 제시된 『미학』의 목차 참고). 국내에 출판된 18세기 문헌 중 이런 구성을 엿볼 수 있는 저작의 예로는 칸트의 『판단력 비판』을 들 수 있다 (칸트 저작의 경우 §로 표시된 부분은 국내에서 흔히 '절'이라 지칭된다. 이 책에서는 '항'이라 칭하고 있다. 『미학』의 경우 §는 '권-부-장-절-항' 중에서 항

에 관해 논한다(§§ 509-964). 이러한 구분을 염두에 두면, 볼프는 인간의 영혼에 인식과 욕구라는 두 가지 근본 능력이 있다고 생각하는 듯하다. 하지만 볼프는 궁극적 견해에서 영혼을 단 한 가지 능력과 일치시킨다. 이 능력이란 다름 아닌 지각 내지 표상이다. 볼프에 따르면 욕구란 지각의 파생물이다. 영혼이란 단 하나의 힘이며, 이 유일한 힘은 다름 아닌 세계를 표상하는 능력과 일치한다. 이때 영혼이 표상의 대상으로 삼는 세계는 우리 의식 내부의 사건과 외부의 모든 사물이며, 표상이란 우리의 의식 내지 의식 작용이다. 그리고 표상으로서의 의식 작용이란 우리 자신을 내성적으로 인지하고 우리 안에 외부 사물을 재현하는 활동이란 점에서 본질적으로 인식 활동이라 할 수 있다. 요컨대 볼프에게서는 '영혼의 활동=표상(지각)=의식 작용=인식 활동'의 등식이 성립한다.

에 해당하기 때문이다). §§는 두 개 이상의 항을 거론할 때의 표시 방법으로 이는 pp와 유사하다. p.3에서 p.6까지의 내용을 인용하거나 할 때, 흔히 'pp.3-6'으로 표시한다. 그와 마찬가지로 § 5에서 § 10까지의 내용을 인용하거나 할 때는 '§§ 5-10'으로 나타낸다.

볼프는 『경험적 영혼론』에서 영혼 일반에 관해 위와 같이 설명한 다음 영혼 능력의 핵심인 인식력에 관해 자세히 논한다. 볼프는 이 논의를 위해 우선 '지각의 형식적 차이'에 관해 설명한다. 이 설명은 지각 내지 표상 활동의 점진적 수준 차이에 관한 라이프니츠의 논의와 대체로 일치한다. 즉 볼프에게서도 인간의 지각, 즉 인식은 애매하거나 명석한, 그리고 모호하거나 판명한 등의 성격을 가진다. 그리고 명석한 동시에 판명한 지각이 가장 높은 수준의 인식이란 지위를 가진다. 물론 라이프니츠와 마찬가지로 볼프는 이들 지각 사이의 점진적 발전관계, 다시 말해 그 연속성을 분명하게 강조한다. 지각의 점진적 위계는 영혼이 지닌 여러 가지 인식력의 등급과 조응관계에 있다. 여기서 볼프는 명석하고 판명한 지각과 그렇지 못한 지각 사이에 경계를 긋고 이에 상응해서 인식력을 상위와 하위의 두 종류로 구분한다(§§ 54-55). 이러한 구별은 라이프니츠에게는 없던 것이다. 볼프는 우리 의식에 명석하고 판명한 관념을 가져오는 인식력의 종류는 '상위 인식력'이라 부르고, 애매하고 모호한 관념을 수반하는 인식력의 종류는 '하위 인식력'

이라 지칭한다. 전자에 속하는 것은 결국 지성 내지 이성이며, 후자에 속하는 것은 다양한 감성적 능력이다.

볼프는 '지각의 형식적 차이'에 관해 설명한 후 하위 인식력에 대한 논의로 넘어간다. 그는 제일 먼저 감성 내지 감각sensus을 다룬다. 감성 내지 감각은 근본적으로 오감을 지칭하며, 특정 사태와 관련해서 사람들 다수가 경험적으로 공유하는 감정인 공통감sensus communis 같은 것도 포함한다. 이런 종류의 인식력은 낮은 차원의 것이긴 하지만 인간 영혼의 표상 활동, 즉 인식 활동에 근본적인 기여를 한다. 감성 다음으로 볼프가 다루는 하위 인식력은 상상력imaginatio이다. 상상력은 '감성적으로 부재하는 사물들의 표상을 산출하는' 능력, 다시 말해 감성적 인식을 위한 재생산 능력이라 정의된다. 하위 인식력으로서 상상력은 대체로 재생산의 기능을 수행하는 능력이다. 즉 상상력은 우리가 언젠가 감각한 적이 없었던 대상은 산출하지 못한다.

하지만 상상력은 경우에 따라 다양한 대상들을 조합해서 새로운 것을 창안해 낼 수도 있다. 상상력의 이러한 특수한 양태를 볼프는 창작력facultas fingendi이라 부른다. 이런 종류의 창조적 상상력은 문학을 비롯한 예술작품의 창조 과정에서 흔히 발현된다. 단순한 상상력이 그저 재생산의 능력인 반면, 창작력은 상상력의 생산적 양태인바, 이런 점에서 볼프는 ─특히 시인을 비롯한 예술가들이 구사하는─ 이 특수한 상상력을 높이 평가한다. 하위 인식력에 관한 볼프의 논의는 기억력memoria에 관한 설명으로 종결되며, 이후 부분에서 그는 주의력과 반성, 상징(기호) 능력 등 상위 인식력에 관해 논의한다.

2) 완전성과 미

미에 관한 볼프의 견해는 『경험적 영혼론』 중 인간의 욕구 능력을 다룬 2부에서 발견된다. 이때 볼프의 생각은 미가 질서 내지 완전성에서 유래한다고 보는 라이프니츠의 사상을 충실히 따르고 있다. 앞서 라이프니츠는 미를 완전성의 지각과 결부시키며, 이를 다시 인간의 긍정적 감정, 즉 행복이나 즐거움 혹은 애호의 감정과 연계시켰다. 이러한 관점은 볼프에게서도 근본적으로 달라지지 않는다. 『경험적 영혼론』에서 그는 미를 논하기에 앞서 우선 미와 결부된 이 두 가지 사안, 즉 완전성과 긍정적 감정의 관계를 다룬다. 볼프에 따르면, 인간의 긍정적 감정인 "즐거움은 그 어떤 완전성의 직관 혹은 직관적 인식이다"(§ 511). 여기서 직관 혹은 직관적 인식은 ―라이프니츠가 말한 '신적 직관'이 아니라― 즉각적이고 직접적인 파악, 즉 개념적·추론적 인식이 아닌 즉각적인 감정을 뜻한다. 라이프니츠와 마찬가지로 감정을 포함한 인간의 감성 일반을 모호한 지각에 포함하는 볼프에 의하면, 이 직접적 감정은 낮은 등급의 지각 내지 인식에 속한다. 따라서 즐거움의 감정이란 곧 완전성의 '모호한' 지각이란 규정이 가능하게 된다. "즐거움은 … 그 근원을 완전성의 … 모호한 지각에 두고 있다. 즉 우리가 지각된 사태에서 어떤 완전성을 … 지각하면 곧바로 즐거움이 … 생겨난다"(§ 536).

즐거움에 관한 볼프의 이러한 정의는 곧 미의 정의로 연결된다. "즐거움을 유발하는 것에 대해서는 아름답다고 말한다"(§ 543). 즉 어떤 대상을 접하여 우리가 즐거움을 느끼면, 우리는 그것을 아름다운 것이라고 말한다. 이것이 『경험적 영혼론』에서 발견되는 미에 대한 첫 번째 정의이다.

그런데 이런 정의에 따르면, 미라는 것은 우리의 주관적 감정에 좌우되는 무엇인 듯하다. 다시 말해, 어떤 대상이 아름다운가는 우리 감정 상태가 어떤가에 의해 좌우되는 것인 듯하다. 하지만 라이프니츠에게서 그렇듯 볼프에게도 완전성이란 근본적으로 이 세계의 조화로운 질서와 연관되는 개념이다. 그렇기에 볼프는 다음 절에서 최초 정의를 객관주의의 방향에서 보완하려 한다. "미란 어떤 사물이 우리 안에 즐거움을 산출하는 능력을 갖는 한에서 그 사물의 완전성에서 존립한다"(§ 544). 즉 미는 우리 안의 즐거움의 감정과 결부되기 마련이지만 이 즐거움과 동일한 것은 아니며, 오히려 객관적 사물에서 유래한다. "어떤 사물의 미는 우리 내부에서 즐거움을 산출하는 그것의 소질이다"(§ 545). 사물의 소질은 그것의 완전성, 즉 그것의 질서와 조화이다. 그렇긴 하지만 미가 진이나 선과 구분되기 위해서는 즐거움의 감정이 중요한 역할을 한다. 앞서 라이프니츠는 미의 규정에서 대상의 완전성과 즐거움의 감정 사이의 관계에 관해 아무런 분명한 언급도 하지 않았다. 그와 달리 볼프는 양자의 관계를 규정하려 한다. 그래서 다음 단계에서 그는 다음과 같은 정의를 유도한다. "미는 … 완전성의 관찰 가능성"(§ 545)이다. 미는 근본적으로 사물 자체가 지닌 완전성에서 기인한다. 하지만 다른 한편으로 이 완전성은 주체에 의해 관찰될 수 있어야 한다. 여기서 관찰이란 즐거움을 수반하는 모호한 지각을 뜻한다. 그렇기에 볼프는 미를 이렇게도 규정한다. "미는 감성적으로 인식할 수 있는 한에서의 완전성이다"(§ 545). 요컨대 객관적 요소로서 사물의 완전성이 없다면 미가 성립되지 않지만, 이를 감성적으로 지각하는 주관이 없어도 미는 성립되지 않는다. 이런 의미에서 미는 객관적인 동시에 주관적인 것이다. 여기서 볼프는 양자를 결코 종합하지는 못하며 단순히 절충에 만족하고 있다. 미의 규정에서 그는 —이미 라이프니츠가 그랬듯— 객관주의와 주관주의 사이에서 궁극적인 결론을 내리지 못한다.

3) 철학의 대상과 방법

라이프니츠의 의식 단계론을 계승한 볼프의 영혼론은 —아래서 분명하게 확인되겠지만— 바움가르텐의 『미학』

에도 그 분명한 흔적을 남긴다. 그런데 볼프가 감성 능력의 세분화와 그 인식 가치를 인정했다는 점에서만 후세대 학자들에게 미학이란 철학 분과의 성립 가능성을 보여 준 것이 아니다. 볼프의 또 다른 중요한 기여는 예술과 미에 관한 학문의 수립이 철학의 개념 정의를 근거로 해서 정당화될 수 있는 것임을 암시했다는 데 있다. 이 점은 철학의 개념과 그 방법에 대한 볼프의 이해가 다소 독특했다는 점과 연관이 있다. 볼프의 초기 저작인 이른바 『독일 논리학*Deutsche Logik*』(1712)에서 철학은 "모든 가능한 사물들과 관련하여 그것이 어떻게 그리고 왜 가능한가를 탐구하는 학문"이라 정의된다.[7] 그리고 철학 전반에 관한 그의 강령과도 같은 저술인 『철학 일반에 관한 입문서*Discursus Praeliminaris de Philosophia in Genere*』(1728)[8]에서도 유사한 정의가 발견되는바, 우선 철학

---

[7] Christian Wolff, *Vernünftige Gedanken von den Kräften des menschlichen Verstandes und Ihrem Richtigen Gebrauche in Erkenntnis der Wahrheit* (=Deutsche Logik), in: ders., *Gesammelte Werke*, hrsg. und bearb. von J. École u. a., Hildesheim 1962ff.: Abt. I, Bd. 1, p.105.

[8] 볼프의 이 라틴어 저작에서 인용할 시에는 다음의 독일어 번역본에 근거하겠다: Christian Wolff, *Einleitende Abhandlung über Philosophie im allgemeinen*, übersetzt, eingeleitet und herausgegeben von Günter Gawlick und Lothar

은 "존재할 수 있는 한에서 가능한 것에 관한 학문"(§ 29)이라 규정된다. 이 규정과 연계되어 학문은 "틀림없고 확고한 원칙들로부터 타당한 추론에 의해 주장을 도출할 수 있는 능력"(§ 30)이라 정의되며, 이로부터 "철학에서는 가능한 것이 현실화될 수 있는 근거가 제시되어야 한다"(§ 31)라는 요구가 제기된다. 물론 이런 요구는 전적으로 독창적인 것은 아니다. 볼프의 이런 요구는 앞서 소개된 바 있는 라이프니츠의 진리 이론에 근거를 둔 것이기 때문이다.

철학에 관한 위의 정의에서 제일 먼저 눈에 띄는 점은 철학이 그 대상 영역에서 거의 제한을 받지 않는다는 점이다. 철학은 현실에서 존재하거나 존재할 가능성이 있는 모든 것을 대상으로 삼을 수 있다. 하지만 대상에서는 제한을 받지 않는다 해도 철학이 철학이려면 일정한 요건을 갖추어야 한다. 그 요건이 무엇인가는 바로 '철학은 학문'이라는 규정에서 제시된다. 철학은 학문이기에 대상의 근거 내지 이유를 밝혀내야 하며, 이 목적을 위해 확고한 원칙에 의지

Kreimendahl, Stuttgart / Bad Canstatt 2006.

하고 정당한 추론 방법을 사용해야 한다. "철학은 존재하는 것 혹은 발생하는 것의 근거들을 제시"(§ 32)하는 작업이며, 이때 철학의 "주장은 틀림없고 확고한 원칙들로부터 시작되어 타당한 추론에 의해 논증됨으로써 증명되어야"(§ 33)한다. 이로써 볼프는 철학의 방법을 제시하는 셈인데, 여기서 분명한 점은 그가 데카르트와 마찬가지로 근대의 수학 내지 기하학을 철학의 방법을 이루는 질서의 모델로 삼고 있다는 점이다. 즉 그는 자명한 최초 원칙과 명석하고 확고한 정의에서 출발하여 이런 것들로부터 엄밀한 연역 작업을 수행해 내는 수학의 방법을 따를 때만 철학이 학문으로 확립될 수 있다고 믿는다. 그리고 대상 영역이 무엇이든 이런 수학적 방법에 의거하여 근거를 해명하려는 학문이라면 철학이라 불릴 수 있다는 것이 그의 확신이다.

4) 기예학의 가능성

수학적 방법에 근거한 학문으로서의 철학이 어떠한 대상 영역에서든 존립할 수 있다면, 예술의 영역에서도 엄밀한 학문, 즉 철학이 가능할 것이다. 볼프 자신도 『철학 일반에 관한 입문서』에서 이 점을 암시한다. 물론 이 저작에서 그는 우선 좁은 의미의 '예술'이 아니라 아주 넓은 의미의 '기예'에 관해 말한다. 앞서 머리말에서 잠깐 언급한 사실이기도 하지만, 그리스어 'techne'나 라틴어 'ars'와 의미상 결부된 영어나 불어의 'art'나 독일어의 'Kunst'는 오랫동안 인간의 제작 활동, 즉 일정한 기술 및 규칙의 지식에 입각한 인간의 제작 활동 일반을 가리키는 개념으로 사용되었다. 르네상스시대에 이르러 예술적 제작 활동과 여타 제작 활동을 구별하는 관념이 형성되기는 했지만, 당시에도 이런 관념상의 구별에 상응하는 개념적 구별은 실현되지 않았다. 1747년에야 프랑스 사상가 샤를 바퇴Charles Batteux에 의해 '아름다운 기예beaux arts, fine arts, schöne Künste'라는 말이 순수예술만을 지칭하는 용어로 사용되었고 이 개념이 점차 널리 수용되었으며, 훨씬 후일에야 'art'나 'Kunst'라는 단어만으로 순수예술, 즉 아름다운 기예를 가리키는 관습이 형성되었다.

따라서 18세기 전반 독일에서는 기예 일반과 구분되는 '아름다운 기예' 내지 '순수예술'의 개념이 확립되어 있지 않았다. 다만 당시에는 중세적 전통에 따라 신체적 제작 활동 전반을 가리키는 '수공적 기예artes mechanicae'와 정신적 활동을 일컫는 '자유로운 기예artes liberales'의 구분이 남아 있었다. 볼프는 『철학 일반에 관한 입문서』에서 이 두 종류의 기예를 구분하지 않고 기예 전반에 관한 철학 내지 학문의 수립 가능성을 강조하며, 이러한 학문 일반을 '기예학'이라 부를 것을 제안한다.

> 지금까지는 등한시되었지만 기예들의 철학도 가능하다 … 우리는 이 철학을 기술학Technik 또는 기예학Technologie이라 부를 수 있을 것이다. 따라서 기예학은 기예들과 그 산물들에 관한 학문, 달리 말한다면 신체기관, 특히 인간이 손에 의해 산출하는 것들의 학문이다(§71).

> 학문의 형식을 갖추기만 한다면 심지어 자유로운 기예들의 철학도 정초될 수 있다(§72).

그리고 이런 맥락에서 볼프는 18세기 중반 이후 점차 '아름다운 예술'로 편입될 기예들의 철학적·학문적 정립 가능성 또한 암시하고 있다. 그는 자신이 예전에 집필한 건축에 관한 저술 하나를 예로 들면서, 그 저작이 기예학의 좋은 사례가 될 수 있다고 말한다(§ 71 주석). 더 나아가 볼프는 기예로서의 수사학과 시학 역시 —학문적 형식을 갖추기만 한다면— "합리적 철학의 일부"가 될 수 있으며, "철학적 수사학, 철학적 시학 등등"이 정당하게 정초될 수 있다고 말한다(§ 72). 이처럼 볼프는 독창적인 철학 개념에 의해서 후세대가 미학이나 예술철학이라 부르게 될 학문의 가능성과 정당성을 독일 근대 철학에서 최초로 제시한다. 더불어 그의 방법적 구상은 향후 이런 학문이 추구해야 할 과제와 방향을 제시했다고도 할 수 있다. 그에 의하면 이러한 학문의 과제는 —수학적 방법을 모델로 해서— 개개의 모든 예술의 배후에 있는 규칙들을 명시하고 이를 상위의 소수 원칙으로부터 타당하게 논증해 내는 데 있다.

3. 고트셰트와 스위스인들

이상에서 보았듯, 볼프는 『경험적 영혼론』에서 라이프니츠의 견해를 수용하여 감성 능력에도 낮은 수준의 인식 기능이 있음을 설명했으며, 『철학 일반에 관한 입문서』에서는 세상의 모든 것이 원칙적으로 철학의 대상이 될 수 있음을 주장했다. 이후 볼프의 영향을 받은 사상가들, 이른바 라이프니츠-볼프주의자들은 인간의 감성 능력에 관한 독자적 학문 수립의 필요성을 느끼게 된다. 현재까지 밝혀진 바로, 이 필요성에 관한 최초 언급은 게오르크 베른하르트 빌핑어Georg Bernhard Bilfinger, 1693~1750란 인물에게서 나타난다. 그는 1725년 출간한 저작 『신, 인간영혼, 세계 그리고 사물의 일반적 상태에 관한 철학적 해명Dilucidationes philosophicae, de deo, anima humana, mundo et generalibus rerum affectionibus』에서 이렇게 말했다. "저 탁월한 아리스토텔레스가 지성과 관련해서 수행한 것을 감각하고, 상상하고, 주목하고, 추상하는 능력 및 기억의 능력과 관련해서 수행하려는 사람들이 있어야 한다고 생각한다"(§ 268). 빌핑어는 요한 페터 로이쉬Johann Peter Reusch, 1691~1758와 함께 당대 유명한 볼프주의자였으며, 바움가르텐도 할레대학 시절 볼프의 저작과 더불어 이 두 사람의 저술을 탐독한 것으로 알려져 있다. 빌핑어의 위와 같은 언급은 젊은 바움가르텐에게도 자극을 주었으리라 짐작된다. 뒤에 다시 설명되겠지만, 바움가르텐의 『미학』은 인간의 감성 능력을 체계적으로 서술하고 이를 시와 예술의 영역에 결부시키려는 시도였다.

그런데 바움가르텐의 『미학』이전에 그러한 학문의 수립을 시도한 저작이 전혀 없었던 것은 아니다. 그 최초의 시도라 할 만한 저작은 요한 크리스토프 고트셰트Johann Christoph Gottsched, 1700~1766의 『비판적 시예술 시론Versuch einer Critischen Dichtkunst』(1730)이었다. 하지만 이 저작은 볼프가 말하는 기예학이 되기에는 여러 모로 미흡한 것이었다. 고트셰트의 저작은 독창적 내용을 담고 있기보다는 이미 프랑스에서 시작된 합리론적 경향의 고전주의 시학과 이 시학에 의해 재해석된 고대 및 르네상스의 예술론을 원천으로 삼았다. 물론 고트셰트는 17~18세기의 프랑스 고전주의 시학을 독일어로 번안한 데 머물지는 않았으며, 그 내용에 볼프 철학의 방법을 가미하려고 노력했다. 즉 그는 프랑스의 선진적 논의를 수용하되, 이를 철학적으로 더 엄격하게 체계적으로 정초하려 시도한다. 이렇게 해서 그는 기예학으로서의 시학, 철학적으로 정초되고 연역적 방법을 취하는 시학, 근거들로부터 모든 교설을 도출하는 시학을 제시하고자 했다. 그러나 이 시도는 그다지 성공적이지 못했다. 그 이유는 무엇보다도 고트셰트가 지나치게 다양한 이론 모형(고대와 르네상스 및 17~18세기의 프랑스 고전주의 그리고 경우에 따라 영국의 감성주의 시학)을 끌어다 모았다는 점에 있었다. 고트셰트는 시학과 철학의 통일에는 이르지 못하며, 그때그때 전통적 시학의 권위와 볼프 철학의 개념에 기대서 이런저런 규칙들을 나열하고 그 준수를 강조하는 수준에 그쳤다.

이 저작은 볼프적 의미의 기예학과는 거리가 멀었지만, 독일에서 대중적인 인기는 상당히 오랫동안 누렸다. 특히 독일 연극계에서는 그의 미학적 견해가 오랫동안 비평의 척도로 유지되었고, 『비판적 시예술 시론』은 독일의 고등교육기관에서 표준 교재로 받아들여졌다. 그러나 젊은 세대의 독일 지성인들은 대중적 인기에 비례해서 고트셰트의 저작에 점점 더 반감을 드러내기 시작했다. 반감은 주로 고루한 ―그리고 경우에 따라 서로 화합되기 어려운― 규칙들의 나열과 체계성의 결여 그리고 볼프 개념의 자의적 사용을 표적으로 삼았다. 이런 반감을 노골적으로 표출하여 수년 동안 고트셰트와 문학 논쟁을 벌인 이들은 스위스의 이론가들인 요한 야콥 브라이팅어Johann Jacob Breitinger, 1701~1776 와 요한 야콥 보트머Johann Jacob Bodmer, 1698~1783였다(문학사나 사 상사에서는 통상 이 두 인물을 '스위스인들'이라 칭한다).

취리히 김나지움에 함께 재직했던 두 사람은 공동으로 잡 지를 발간했으며, 함께 역사서를 편찬하고 다양한 고전 텍 스트를 독일어로 번역하는가 하면 ―특히 보트머는― 문학 작품을 창작하기도 했다. 이들은 1720년대부터 시학과 문 학비평 관련 저작을 발표했지만, 주요 저작은 1740~1741년 에 집중적으로 출간되었다. 이 시기에 출간된 주요 저작으 로는 보트머의 『시에서 경이로운 것에 관한 비판적 논저 Critische Abhanldung von dem Wunderbaren in der Poesie』(1740)와 브라이팅 어의 『비판적 시예술Cirtisiche Dichtkunst』(1740) 그리고 보트머의 『시인의 시적 회화에 관한 비판적 성찰Critischen Betrachtungen über die poetische Gemählde der Dichter』(1741)과 브라이팅어의 『비유의 본 성과 의도와 사용에 관한 비판적 논저Critische Abhandlung von der Natur, den Absichten und dem Gebrauche der Gleichnisse』(1741)가 있다. 이러한 저작들에서는 고트셰트의 『비판적 시예술 시론』에 대한 논박이 드물지 않게 발견된다. 스위스인들의 저작들은 각기 한 명의 이름으로 발표되었으나, 사실 이 저작들의 출간 과정에서 두 사람이 긴밀히 협력해서 작업했기에 공저서로 이해되어도 좋다.

고트셰트와 마찬가지로 스위스인들 역시 볼프의 철학에 기초해서 시와 예술의 학문을 수립하려는 포부를 품었다. 1720년대에 간헐적으로 불붙다가 1740년대에 본격화된 고트셰트와 스위스인들 사이의 시학 논쟁은 1750년대까지 지속되었다. 약 10년에 걸친 논쟁은 라이프치히와 취리히를 진원지로 삼았지만, 그 여파는 독일 전역으로 확산되었다. 그러나 이 논쟁이 어느 쪽에 의해 언제 처음 시작되었는지는 분명하지가 않다. 더불어 이 논쟁의 핵심적 논점이 무엇이었는지도 불분명하다. 그럴 것이 고트셰트와 두 스위스인뿐 아니라 논쟁에 가세한 양측의 무수한 지원군은 최초의 논제에서 벗어난 온갖 잡다한 주제를 둘러싸고 다퉜으며, 냉정한 논의보다는 온갖 비방과 풍자와 천박한 수준의 언쟁이 난무했기 때문이다.

논쟁의 논점을 파악하기 어려운 또 다른 이유는 고트셰
트와 보트머 및 브라이팅어가 여러 기본 원칙을 공유했다
는 점에 있다. 물론 양측의 차이가 분명하게 드러난 지점도
있다. 그 지점이란 상상력의 지위에 대한 양측의 견해이다.
18세기 전반 독일 미학의 형성 과정에서 보트머와 브라이
팅어의 공로는 상상력의 지위와 역할을 절상시킨 점에 있
는 것으로 평가된다. 즉 이들은 규칙을 지나치게 강조했던
고트셰트에 비해 상상력에 좀 더 큰 자유를 부여하려 했다.
하지만 이런 공로가 지나치게 과장되어서는 곤란하다. 스
위스인들 역시 시와 예술의 창작에서 규칙의 중요성을 강
조하기는 마찬가지였기 때문이다. 스위스인들은 분명 근
대 독일 미학의 형성에 기여한 점이 적지 않지만, 이들의
저작은 볼프가 요구하는 엄밀한 학문의 성격은 지니고 있
지 않았다. 이들은 상상력처럼 시예술에 결부된 감성 능력
에 관한 서술에서 볼프의 영혼론에 크게 의존했지만, 이들
의 저작은 조리 있고 체계적인 서술, 엄격한 연역의 방법과
는 거리가 멀었고 저작들에서 표현된 관점에서도 일관성이
유지되지 않았다.

고트셰트나 스위스인들의 저작들에 비해 바움가르텐의 『미학』은 —비록 미완성이지만— 내용과 방법 모두에서 볼프가 제시했던 기예학에 훨씬 더 가까이 접근한다. 다음 장에서는 『미학』의 구성과 내용, 주요 정의와 개념 등이 소개될 것이며, 이때 바움가르텐의 미학 사상이 담겨 있는 다른 저작들인 『시의 몇 가지 조건에 관한 철학적 성찰』(이하 『성찰』로 줄여 표기함)과 『형이상학』 및 이른바 『학생 필기록』도 필요에 따라 함께 검토할 것이다.

3장
『미학』의 이해

1. 『미학』의 체계·편성·방법

1) 계획된 저작의 체계

바움가르텐은 『미학』의 머리말에서 자신이 구상하는 미학이란 분과의 체계를 비교적 분명하게 제시한다(§ 13). 논리학을 보완하는 학문으로 설계된 ―이 점은 뒤에서 다시 논의될 것이다― 미학은 논리학과 마찬가지로 이론적 부분과 실천적 부분으로 나뉜다. 이론 미학이 일반적 교설을 제시하는 것이라면, 실천 미학은 일반적 교설과 관련된 구체적 개별 사례를 보여 준다. 이론 미학은 다시금 3개 분야로 나뉘는바, 사물과 생각에 관한 '발상론heuristica'과 명확한 질서들을 제시하는 '방법론methodologia', 그리고 아름답게 생각되고 배열된 기호들을 다루는 '기호론semiotica'이 그것이다. 그런데 각기 1750년과 1758년에 출간된 『미학』1권과 2권에서 실제로 다뤄진 내용은 발상론에 그친다. 하지만 집필되지 않은 부분들을 포함해서 이론 미학의 3개 분과가 어떤 목적과 내용을 담고 있는지는 후속되는 바움가르텐의 언급(§§ 18-20)을 통해서 추정해 낼 수 있다.

이론 미학에서 첫 번째 분과로 발상론이 필요한 것은, "감성적 인식의 일반적 미란 … **첫째로** 현상이라 불리는 어떤 하나로 사상들의 조화"(§ 18)이기 때문이다. 발상론은 어떤 것을 궁리해서 조화로운 현상 형태로 표출해 내는 일, 달리 말해 발상하고 창안하는 일을 다룬다. 즉 발상론은 특정한 '사물'(대상)을 특정하게(아름답게 혹은 조화롭게) '생각'해 내는 방식을 논하는 것이다. 이른바 『학생 필기록』(1907), 즉 베른하르트 포페Bernhard Poppe란 인물이 바움가르텐의 미학 강의를 청강한 어느 학생의 필기 공책을 발굴하여 편집한 기록물의 § 14를 참고하면, "아름다운 창안die schöne

Erfindung"을 다루는 발상론의 목적은 "사람들이 지금까지 한 번도 생각해 보지 못한 사물들을 아름답고 감동적으로 사유해 내는 규칙들"을 제시하는 것에 있다. 즉 발상론은 주로 주제나 소재와 관련된 참신한 발상의 규칙 체계라 할 수 있다.

다음으로 방법론이 다루는 것은 생각의 질서이다. "질서가 없으면 완전성도 없으므로 감성적 인식의 일반적 미는 **둘째로** 질서의 조화"(§ 19)라 할 수 있다. 바움가르텐에 따르면, 우리는 아름답게 사유된 사물들을 질서 있게 성찰해야 하는바, 생각에 조리가 있어야 하며 주관의 생각과 객관적 대상 사이에도 타당한 관계가 성립되어야 한다. 바움가르텐은 질서의 조화로서 감성적 인식의 미를 "질서와 배열 dispositio의 미"(§ 19)라고도 부른다. 이런 맥락에서 방법론은 아름다운 발상이 갖춰야 할 질서의 체계를 제시하려는 것이라 이해할 수 있다.

이론 미학의 마지막 분과인 기호론은 미를 표현하는 기호에 관해 논한다. "우리는 기호 없이는 기의를 표상할 수 없으므로 감성적 인식의 일반적 미는 **셋째로** 기호들의 내적 조화이다"(§20). 이러한 "기호적 표현의 미"는 "표현과 말씨"의 조화로움을 가리킨다(§20). 『학생 필기록』의 §20에서 바움가르텐은 기호란 언어적 기호들뿐 아니라 화가나 음악가의 기호들도 포함한다고 말한다. 즉 그가 자신의 기호론에서 대상으로 삼으려 한 것은 문학을 비롯한 예술 전반에서 사용되는 표현 매체들이었다.

이론 미학의 체계를 이렇듯 3개의 분야로 구분하는 방식은 이미 『성찰』에서도 확인된다. 『성찰』은 "시학의 학문scientia poetics" 내지 "철학적 시학philosophia poetica"(§9), 달리 말해 '시학의 기예학'을 수립하려는 저작이었으며, 그런 점에서 이 기획은 『미학』의 기획에서 그리 멀리 떨어진 것이 아니었다. 후일 집필된 『미학』은 『성찰』의 기획을 좀 더 방대한 범위에서 실현하려는 야심에서 시작된 것이었다고 말할 수 있다. 『성찰』은 117개의 항으로 구성되는데, 바움가르텐은 라이프니츠-볼프 철학의 지각설 내지 표상설에 근거해서 '시의 이념'을 연역하는 것에서 논의를 시작한다. 즉 §§1-11에서는 시의 이념과 이와 관련된 몇 가지 개념들이 정의된다. 다음으로 바움가르텐은 시의 구성요소를 '감성적 표상들', '이 표상들의 관계', '이 표상들의 기호인 언어'로 나누며(§ 10) 이하 내용은 이 세 가지 구성요소에 대한 논의로 거의 채워진다. 즉 §§ 13-64에서는 시적 사유cognitio poetica가 논의되고, §§ 65-76에서는 시적 방법methodus poematis이 설명되며, 마지막으로 §§ 77-107에서는 시적 어휘termini poetici에 관한 관념이 제시된다. 『성찰』의 이러한 구성은 『미학』의 계획된 체계 구성의 밑그림과 같은 것이라고 이해할 수 있다.

물론 바움가르텐의 이러한 삼분법은 아주 독창적인 것은 아니며 전승된 수사학에서 빌려 온 것이다. 탁월한 웅변가의 양성을 목적으로 삼았던 아리스토텔레스 이래 고대 수사학은 세 가지 구성요소로 이뤄지는데, 그 세 가지란 발상법inventio과 배열법dispositio 및 표현법elocutio이다(후일 여기에 기억술memoria과 연기술actio이 덧붙여져서 수사학의 구성요소가 5가지로 확장되기도 한다). 전통 수사학의 세 분야와 바움가르텐 저작 『성찰』의 주제 영역을 이루는 시의 세 가지 구성요소 그리고 그가 계획한 이론 미학의 세 가지 분과를 도표로 비교해 보면 〈표 2〉와 같다.

〈표 2〉

전통 수사학		『성찰』		『미학』에서 계획된 체계	
웅변가의 과제	분야	시의 구성요소	대상	대상	분과
재료·논거· 증거의 착상	발상법	감성적 표상들	시적 사유	사물과 사유	발상론
생각과 연설 대본의 효과적 배열	배열법	이 표상들의 관계	시적 방법	선명한 질서	방법론
재료·논거·증거의 언어적·문체적 가공	표현법	이 표상들의 기호인 언어	시적 어휘	기호	기호론

2) 출판된 저작의 내용 편성

이론 미학의 발상론을 이루는 『미학』 1권과 2권은 서언과 목차를 제외하면 머리말과 53개의 절로 구성되며, 이 두 부분은 §으로 표시된 904개의 항으로 이뤄져 있다(부록으로 실린 '『미학』의 목차' 참고). 머리말(§§ 1-13)에서는 미학의 정의가 제시되고, 위에서 서술한 미학의 체계 구상이 소개되며, 미학이란 새로운 분과에 대한 옹호론이 펼쳐진다. 본문 제1절(§§ 14-27)에서는 '인식의 미'에 대한 근본적인 논의가 전개된다. 이 절의 중요한 주제 중 하나는 '현상phaenomenon'이다. 미는 완전성으로서 세계의 존재 질서와 연관되긴 하지만 어디까지나 주관에 의해 파악된 감성적 현상이다. 또 다른 중요 주제는 감성적 인식의 완전성인 미의 여섯 가지 요건이다. 바움가르텐이 제시하는 요건은 '풍요성ubertas'과 '위대성magnitudo', '진실성veritas', '선명성lux', '확실성certitudo' 그리고 '생동성vita'인데, 제8절 이후 『미학』의 모든 내용은 이 요건들에 관한 논의로 채워진다. 다만 6번째 요건인 감성적 인식의 생동성에 관한 논의는 집필되지 않았다.

제2절(§§ 28-46)은 '자연적 미학'이란 제목을 달고 있는데, 여기서는 '성공적인 심미가felix aestheticus'(미와 예술에 관해 논하는 학자와 예술가 모두를 지칭하는 말)가 갖춰야 할 천부적 소양이 논의된다. 성공적인 심미가가 되려면 우선 '우아하고 고상한 취향의 정신'을 타고나야 하는데, 이는 탁월한 상상력과 예리한 감성, 훌륭한 기억력, 뛰어난 창작력, 섬세한 취미 등의 하위 인식 능력을 가리킨다. 그 밖에 성공적인 심미가는 좋은 머리와 대범한 마음도 지녀야 한다. 제3-7절(§§ 47-114)에서 바움가르텐은 천부적 소양 외에 필수적인 요소들

을 제시한다. 이 요소들이란 '미감적[9] 훈련'과 '교설', '열정', '개선' 및 '그 밖의 몇 가지 규칙들'이다. 성공적인 심미가가 되려면 연습과 훈련에도 매진해야 하며, 이런 과정은 자의적이어선 안 되며 인정받은 교설에 근거해서 진행되어야 한다. 더 나아가 성공적인 심미가에겐 열정도 있어야 하는데, 이런 열정은 훈련을 통해서 지속적인 자극을 얻을 수 있다. 또한 성공적인 심미가는 자신의 생각과 그 산물을 다듬고 개선하는 데 소홀해서는 안 된다.

---

9 머리말에서도 언급했듯, 'Aesthetica'라는 바움가르텐의 학문명은 '감각하다'를 뜻하는 희랍어에서 연원한다. 이런 맥락에서 보면 바움가르텐이 창안한 학문명은 '감성학'이라 번역될 수도 있을 것이다. 하지만 이 새로운 학문에서 바움가르텐이 다루고자 했던 것은 감각과 지각, 감정을 아우르는 감성 영역뿐 아니라 미와 예술의 영역 전체였다. 안타깝게도 이 모든 영역을 아우를 수 있는 우리말 개념은 없다. 바움가르텐의 저술명은 우리말로 '미학'이라 번역되는 철학의 분과명이 되었으므로, 저술명이나 학문명을 가리킬 경우 'Aesthetica'는 '미학'이라 번역한다. 그러나 본문에서 형용사로 쓰이는 경우에는 문제가 그렇게 쉽게 해결되지 않을 듯하다. 이 형용사를 '미적'이나 '미학적'으로 옮기면 본문의 뜻을 왜곡하게 되기 때문이다. 이 형용사도 학문명이 품고 있는 모든 뜻을 지니고 있기 때문이다. 잘 알려져 있듯, 이런 번역의 문제는 칸트의 『판단력 비판』에 나오는 'ästhetisch'라는 독일어 단어와 관련해서도 등장한다. 한국의 일부 번역자들은 이 단어의 번역어로 '미적'과 '감성적' 중 하나를 선택하는 대신 '미감적'이라는 다소 부자연스러운 조어를 택했다. 이 책의 필자도 궁여지책으로 이 번역어를 선택하기로 하겠다.

제8절부터 본격적인 발상론이 전개된다. 앞서 말했듯 그 내용은 감성적 인식의 완전성을 판가름하는 요건들이다. 제8-14절(§§ 115-176)은 '미감적 풍요성'을 다루며, 제15-26절(§§ 177-422)은 '미감적 위대성', 제27-36절(§§ 423-613)은 '미감적 진실성'을 논한다. 그리고 제37-48절(§§ 614-828)은 '미감적 선명성'을 다루며, 제49-52절(§§ 829-904)에서는 '미감적 확실성'이 논의된다. 이미 언급했듯, '미감적 생동성'에 대한 논의는 두 권의 『미학』에서 발견되지 않아 이 저

〈표 3〉

『미학』의 부분	해당 항 (§)	주요 내용
머리말	1-13	미학의 정의, 체계 구상, 미학의 옹호론
제1절	14-27	미의 현상성, 미의 6가지 요건
제2절	28-46	성공적인 심미가의 천부적 소양
제3-7절	47-114	성공적인 심미가의 획득적 필수 요건
제8-14절	115-176	미의 제1요건: 풍요성
제15-26절	177-422	미의 제2요건: 위대성
제27-36절	423-613	미의 제3요건: 진실성
제37-48절	614-828	미의 제4요건: 선명성
제49-52절	829-904	미의 제5요건: 확실성

작이 미완성이라는 점을 다시 한 번 확인케 한다. 아무튼 이 6가지 요건 중 앞의 3가지는 아름다운 산물의 내용과 주로 연관되는 것이며, 뒤의 3가지는 아름다운 산물의 표현 방식과 주로 연관되는 것이라고 생각해 볼 수 있다. 이상의 내용 편성을 정리하면 〈표 3〉과 같다.

3) 연역적 방법

바움가르텐은 『미학』에서 볼프가 제시한 학문의 방법, 즉 자명한 하나의 공리로부터 정당한 추론에 의해 또 다른 명제 내지 진술들을 도출하는 연역의 방법을 충실히 따르려 한다. 앞서 말했듯, 이 점은 이미 『성찰』에서도 확인되는 점이다. 이 저작에서 그는 시의 정의를 출발점으로 삼고 이 단순한 개념으로부터 시의 탁월함이나 완전함을 구성하는 모든 특성을 도출하려 애썼다. 그는 『미학』에서도 이러한 연역의 방법을 원용하려 한다. 미와 예술의 성질들을 단순히 절충적으로 나열하는 것이 아니라 단 하나의 개념으로부터 논증적으로 도출하려는 것이다. 바로 이러한 점에서 그의 저작은 고트셰트나 스위스인들의 성과보다 볼프의 학문 이상에 훨씬 가까이 접근해 있다.

물론 바움가르텐은 『미학』에서 전통 수사학의 3분법 말
고도 많은 수사학 용어와 분류법 등을 원용하고 있다. 그렇
지만 그가 전승된 수사학 교설에 그저 철학의 옷을 입히는
데 만족하고 있는 것은 아니다. 전승된 수사학은 다분히 실
용적 학문이며, 그 목적은 청중의 효과적 설득에 있다. 그
리고 이런 목적을 지닌 수사학은 역사적 사회의 청중과 그
구체적인 환경에서 영향을 받아 그때그때 원칙들을 변이
시켜 온 것이 사실이다. 즉 수사학의 원칙들은 ―볼프의 근
대적 학문 이상에 비춰 본다면― 그다지 학문적이지 않다.
바움가르텐은 전승된 수사학의 원칙들과 개념들을 무비판
적으로 수용하지 않고 그것들에 철학적 근거를 제공하려
애쓴다. 바움가르텐이 구사하는 개념들은 많은 경우 수사
학의 개념과 동일하지만, 그 근거를 이루는 것은 라이프니
츠-볼프주의의 존재론이다. 예를 들어 바움가르텐이 말하
는 완전성이나 질서, 조화 등의 개념은 그저 청중을 의식한
그럴 듯한 외양을 뜻하지만은 않는다. 이 개념들의 근거는
라이프니츠-볼프 철학의 형이상학적 존재론이다. 이 점은

『미학』의 주요 사상을 논하는 다음 절들에서 좀 더 분명해지리라 믿는다.

2. '미학'의 정의에 함축된 사상

1) 미학의 정의

'아이스테티카'라는 바움가르텐의 용어는 『미학』 제1권보다 15년 앞서 출간된 저작인 『성찰』에서 처음 제안되었다. 이 책의 거의 끝 부분에서 그는 이렇게 말했다.

이미 그리스철학자들과 교부들은 항상 '아이스테타aistheta'(감성적 인식)와 '노에타noeta'(이성적 인식)를 세심하게 구별해 왔다. 그리고 이들이 '아이스테타'를 그저 감관 지각들과 동일시한 것은 아니라는 점도 아주 분명하다. 그럴 것이 당장 현존하지 않으면서 감성적으로 인식된 것, 즉 상상 또한 '아이스테타'란 명칭으로 불렸기 때문이다. 따라서 '노에타'—상위의 능력을 통해 인식될 수 있는 것—이 로기카Logica(논리학)의 대상이라면, '아이스테타'는 '아이스테타의 학문' 내지 '아이스테티카 Aesthetica '(미학)의 대상이다(§ 156).

우리말로 '미학'이라 번역되는 구미어 단어의 어원을 이루는 라틴어 명사는 이렇게 해서 처음으로 등장했다. 빌핑어가 그 필요성을 제기했던 학문에 대해 바움가르텐이 이런 명칭을 제안한 것이다. 하지만 『성찰』은 이 새로운 학문의 내용과 방법 등에 관해서는 더 이상 논의하지 않고 바로 다음 항인 § 157에서 종결된다. 이 새로운 학문의 명칭이 또 다시 등장한 곳은 바움가르텐 생전에 4판까지 출간된 『형이상학』이다. 1739년 출간된 이 저작의 초판에서는 "감성적 인식과 표현의 학문이 미학이다"(§ 533)라는 구절이 나온다. 그런데 1742년 출간된 재판에서는 이 대목이 "감성적 인식과 표현에 관한 학문은 (하위 인식력의 논리학인) 미학이다"로 수정된다. 그리고 1750년에 나온 『형이상학』 4판에서는 또 다른 규정들이 부가되어 '미학'의 정의는 다음과 같은 형태를 갖춘다. "감성적 인식과 표현의 학문은 (하위 인식력의 논리학이며, 우미와 뮤즈의 철학이며, 하위 인식론이고, 아름다운 사유의 기예이며, 유사이성의 학문인) 미학이다."

1750년 출간된 『미학』 제1권은 『성찰』에서 논의가 중단되었던 곳에 다시 자리를 잡고 '미학'에 대한 정의에서 시작한다. 이 정의는 『형이상학』 4판의 규정과 유사하지만 다소 차이를 지닌다.

> 미학(자유로운 기예의 이론, 하위 인식론, 아름다운 사유의 기예,
>
> 유사이성의 기예)는 감성적 인식의 학문이다(§ 1).

『학생 필기록』의 § 1에서는 또 다른 규정도 발견되는바, 그에 따르면 미학은 "미의 형이상학"이기도 하다. 『형이상학』 4판과 『미학』의 정의에서 일단 눈에 띄는 것은 '기예'란 단어이다. '학문'이란 말과 결합된 '기예'나 '기예의 이론'이란 용어는 분명히 볼프가 말한 기예학을 연상시킨다. 즉 바움가르텐은 여기서 철학 내지 학문이란 이름에 값할 만한 논증적 체계를 제시하려는 것이 확실하다.

그런데 이 모든 정의에서 발견되는 개념들은 이 새로운 학문이 포괄하는 범위가 꽤 넓다는 것을 암시한다. 우선 확인할 수 있는 것은 (1) 이 학문이 '감성적 인식의 학문'이 되

고자 한다는 점이다. 감성적 인식의 학문이란 말은 곧바로 '하위 인식론'이란 개념과 동의어로 간주될 수 있을 것이다. 그럴 것이 감성적 인식에 관여하는 일부 감성적 능력이 볼프에 의해 하위 인식력이라 불렸기 때문이다. 이러한 감성 능력은 일종의 인식 활동을 수행한다는 점에서 이성에 유사한 무엇이다. 따라서 이 감성적 능력은 '유사이성'이라 불릴 수 있다. 다음으로 (2) 미학은 '아름다운 사유'를 다루는 학문이 되고자 하며, 그런 의미에서 그것은 '미의 형이상학', 곧 미의 학문이다. 그런데 (3) 미학은 사유의 대상으로서의 미에만 초점을 맞추는 학문이 아니다. 미학은 '감성적 표현'에 관한 이론도 개진하고자 한다. 다시 말해, 그것은 감성적 내지 아름다운 표현과 관련된 '자유로운 기예'의 학문을 목표한다. 이런 점에서 바움가르텐이 염두에 둔 미학은 오늘날의 개념으로 예술학이란 성격도 가진다. 이렇게 해서 분명해지는 점은 이 새로운 학문이 최소한 세 가지 이론 영역을 포괄하려 한다는 점이다. 그 3가지 영역은 '감성의 인식론'과 '미의 이론' 그리고 '예술의 이론'이다.

『미학』§1의 정의는 이 학문이 제시하는 첫 번째 공리에 해당한다. 이후의 논의는 모두가 이 최초 공리에서 추론되는 것으로, 이 공리를 구체화하고 또 그 의미를 깊고 넓게 만들어 가는 기능을 한다. 따라서 '미학'의 정의를 이해하기 위해서는 이후의 논의 내용을 파악할 필요가 있다. 그런데 『미학』 머리말에 나오는 이 정의에 대한 직접적인 설명은 바로 다음에 이어지는 제1절과 제2절에 집중되어 있다. 따라서 이제부터는 머리말의 나머지 내용과 제1절 및 제2절에 초점을 맞추어 미학의 정의에 대한 이해를 심화시켜 보도록 하겠다. 그러나 —당연한 이야기겠지만— 다른 절에서도 이 정의와 무관한 내용이 전개되고 있는 것은 아니다. 그러므로 최초 정의의 이해를 도울 만한 것이면 그때그때 나머지 절들에서도 참고할 내용을 가져올 것이며, 『학생 필기록』의 내용도 참조할 것이다. 더불어 『성찰』과 『형이상학』의 주요 대목 또한 중요한 참고자료가 된다. 이 두 저작에는 『미학』에서 표현된 바움가르텐의 사상과 직접적으로 연결되는 내용이 곳곳에 있기 때문이다.

2) 감성의 인식론

바움가르텐은 『미학』에서 특히 하위 인식력이란 논제를 비중 있게 다룬다. 그리고 이 논제를 주체의 사유와 결부시켜 논한다. 이에 관해서는 먼저 『형이상학』의 영혼에 관한 설명에 주목할 필요가 있다. 이 저작에서 바움가르텐은 사유를 표상_{repraesentatio}이라 파악한다. "사유란 표상이다"(§506). 표상은 라이프니츠에서 볼프에 이르기까지 영혼이 세계와 관계 맺을 때 획득하는 의식내용을 뜻하는 개념이다. 그리고 영혼이란 표상들을 형성하는 사유 주체의 능력이다(§§504-506 참조). 다시 말해 영혼은 세계를 표상하는 능력이다(라이프니츠가 말하는 모나드도 결국은 이런 영혼을 지칭한다). 그런데 바움가르텐에 따르면, 영혼의 표상에는 다양한 단계가 있다. 다시 말해 사유하는 주체는 다양한 강도의 표상을 산출하는바, 그는 『형이상학』 §510에서 표상의 단계를 다음과 같이 구분한다.

어떤 것을 나는 판명하게 사유하고, 다른 것은 모호하게 사유한다. 어떤 것을 모호하게 사유하는 사람은 그 징표들을 서로 구별하지 못함에도 불구하고 자신에게 현재화하거나 표상한다. 그가 어떤 모호한 표상의 징표들을 서로 구별한다면, 그는 모호하게 표상하는 그것을 판명하게 사유하는 셈이 될 것이기 때문이다. 그리고 그가 그 징표들을 전혀 인식하지 못한다면, 그 징표들에 의해서는 그 모호한 표상과 다른 표상들을 구별할 수 없게 될 것이다. 즉 어떤 것을 모호하게 사유하는 사람은 몇 가지 것을 애매하게 표상한다.

바움가르텐의 이 서술이 라이프니츠와 볼프의 지각 내지 표상 이론에 근거하고 있다는 점을 파악하는 것은 어려운 일이 아니다. 앞서 보았듯, 라이프니츠-볼프 철학의 표상 이론에서는 한편으로 애매함과 모호함이 구분되며, 다른 한편으로 이런 표상의 단계가 판명함과 구분된다. 이런 구분은 어떤 표상의 상이한 의식 정도를 표시하는 것일 뿐 아니라, 동시에 감성과 지성이란 두 가지 인식 능력의 구분에서 구성적인 역할을 한다. 판명한 개념은 지성의 개념인 반면, 감성적 표상은 그 본성상 모호한 표상이라 간주된다. 그렇기에 바움가르텐은 『형이상학』에서 감성을 ―볼프의 규정에 따라—"하위 인식력"(§ 520), 즉 사물들을 모호하게 인식하는 능력이라 규정하는 반면, 지성은 상위 인식력으로서 사물을 판명하게 표상하는 능력이라 정의한다.

바움가르텐은 위에 인용된 『형이상학』 § 510에서 용어의 사용이나 관념의 구성 모두에서 라이프니츠가 정립하고 볼프가 발전시킨 표상 이론에 충실히 머물고 있다. 하지만 바움가르텐은 결정적인 점에서 라이프니츠와 볼프의 표상 이론에서 벗어나는바, 이 점이 그의 사상이 지닌 혁신적 측면이기도 하다. 라이프니츠와 볼프는 상이한 단계의 표상들에 연속성이 있다고 생각하고, 이때 감성적 표상은 지성의 인식에 비해 상당히 낮은 단계에 있는 것으로 평가한다. 이와 달리, 바움가르텐은 감성의 표상과 지성의 표상 사이의 연속성보다는 양자의 자립성을 부각하며, 이렇게 해서 감성적 인식의 독자성을 주장하려는 경향을 보인다. 이 점은 무엇보다도 『성찰』의 논의에서 확인된다. 이 저작에서 바움가르텐의 진술에 따르면 감성적 표상이란 판명성의 영역 바깥에 있는 모든 의식 상태를 총괄한다. 『성찰』의 § 3에 의하면,

인식 능력의 하위 부분을 통해 획득된 표상들은 [감성적]이라 불려야 한다. 선한 것의 모호한 표상에서 연원하는 한에서의 추구는 감성적이라 불리므로, 그리고 또 모호한 표상은 애매한 표상과 더불어 인식 능력의 하위 부분을 통해 획득되므로, 우리는 모든 가능한 등급에서 판명함을 지닌 지성적 표상들과 이런 표상들을 구분하기 위해 이런 표상들에 동일한 이름을 부여할 수 있다(강조 등의 표시는 원문에 근거함).

이에 상응하는 표현은 『형이상학』 § 521에서도 발견된다. "판명하지 않은 표상은 감성적 표상이라 불린다." 다시 『성찰』의 논의로 돌아가면, 감성적 표상은 애매하거나 명석할 수 있다(§ 12). 그리고 인식 활동과 관련해서는 명석한 표상의 우월함이 주저 없이 인정된다. 명석한 표상은 그것이 지닌 징표들의 분석 작업에 의해 좀 더 명확하게 파악될 때 명석한 동시에 판명한 표상으로 상승할 수 있지만, 그렇지 못할 경우 명석하지만 모호한 표상으로 머문다. 다시 말해 명석한 표상에서 모호함이 제거되면 판명한 표상이 되지만, 그렇지 못할 경우 애매함은 없을지라도 모호함을 지닌 표상, 즉 명석한 표상으로 머문다. 명석-모호한 표상은 엄밀한 의미에서의 인식을 매개하지 못한다. 하지만 하나의 명석-모호한 표상은 그 징표들이 세세하게 밝혀져 구분되지는 못할지라도 다른 표상들과 충분히 구별되며, 동일한 표상 상태라면 언제든지 같은 것으로 재인식될 수 있다. 바움가르텐의 표상 이론은 대략 이런 설명까지 라이프니츠와 볼프의 견해에서 크게 벗어나지 않는다. 그렇지만 바움가르텐은 여기서 머물지 않고 판명성에서 벗어나 있는 감성적 표상의 종류를 더 세분하며, 그렇게 해서 감성적 표상에 긍정적 의미를 부여할 수 있는 방향으로 나아간다. 『성찰』에서 그는 명석-모호한 표상의 개념을 확장하여 새로운 구분을 도입하는바, 그것은 바로 ―그의 미학 사상에 의미 심장한― '내포적 명석함claritas intensiva'과 '외연적 명석함claritas extensiva'의 구분이다. 바움가르텐은 이 저작의 §16에서 이렇게 말한다.

표상 A에서 B, C, D 등에서보다 더 많은 것이 표상되지만 모든 것이 모호하다면, A는 나머지 다른 표상들보다 외연적으로 더 명석하다.

이러한 한정어가 추가되어야 하는 것은 우리에게 익히 알려진 종류의 명석함, 즉 징표들의 판명함을 통해 심화된 인식으로 인도되며 어떤 표상을 다른 표상들보다 내포적으로 명석하게 만드는 그런 명석함으로부터 위와 같은 종류의 명석함을 구분하기 위해서이다.

라이프니츠–볼프 철학에서 어떤 대상의 명석–모호한 표상은 이 대상을 다른 대상들과 구분케 하는 충분한 징표들(구성요소들)이 인식되면 판명한 표상으로 발전할 수 있다. 그런데 바움가르텐은 위의 진술에서 명석함이 개별 징표들의 인식을 통해 '내포적으로' 고양될 수 있을 뿐 아니라, 징표들의 수를 늘림으로써 '외연적으로' 고양될 수도 있다고 말한다. 『성찰』에 나오는 위의 진술은 『형이상학』§531과 517에 나오는 아래의 진술로 보완될 수 있다.

세 가지 징표에 관한 두 가지 명석한 사유가 있는데, 한 사유에서는 그 징표들이 명석하고, 다른 징표들에서는 애매하다면, 전자가 더 명석할 것이다. 그러므로 어떤 표상의 명석함은 징표들의 명석함을 기초로 해서 판명성, 충전성 등을 통해 고양된다. 같은 정도로 명석한 징표들에 관한 두 가지 명석한 사유가 있는데, 한 사유에는 그 징표 중 세 가지가, 다른 사유에는 여섯 가지가 포함되어 있다면, 후자가 더 명석할 것이다. 그러므로 명석함은 징표들의 수를 통해 고양된다. 징표들의 명석함에 근거하는 더 큰 명석함은 내포적으로 더 명석하고(더 예리한 빛), 징표들의 수에 근거하는 더 큰 명석함은 외연적으로 더 명석(더 넓게 퍼진 빛)하다고 불릴 수 있다.

하나의 표상은 자체 내에 많은 징표를 지닐수록 강하다. 따라서 명석한 표상보다 더 많은 징표를 가진 애매한 표상은 명석한 표상보다 더 강하며, 판명한 표상보다 더 많은 징표를 가진 모호한 표상은 판명한 표상보다 더 강하다. 더 많은 징표를 자체 내에 가진 표상들은 다의적多義的이라 불린다. 즉 다의적 표상은 더 강하다.

내포적으로 명석하고 혼연한 표상은 인식되는 대상이 지

〈표 4〉

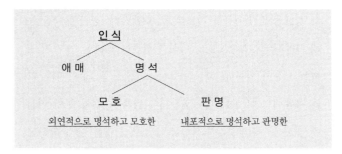

닌 (필연적인) 개별 징표들의 선별과 규정을 통해서 판명한 표상으로 발전할 수 있다. 그에 비해 외연적으로 명석한 표상은 모호한 것으로 머물지만, 그것이 포착하는 대상이 더 풍부한 징표를 지니고 있다는 점을 특징으로 가진다. 바움가르텐은 외연적으로 명석한 표상이 다의적이며 더 강한 표상이라고 말한다. 여기서 다의적이란 감성적으로 경험할 수 있는 것의 '풍요로움'을 일컬으며, 강하다는 것은 영향력이 크다는 의미를 함축한다. 바움가르텐에게 외연적으로 명석한 표상은 그저 판명성에 이르지 못한 표상이 아니다. 오히려 그것은 어떤 풍요로움과 이를 통한 감성의 자극을 특징으로 하는 표상이다. 바로 이러한 외연적 명석함

이 감성적 인식의 본질을 이룬다(〈표 4〉 참고).

지성 내지 이성이 수행하는 논리적 인식은 어떤 대상의 징표들을 내포적으로 명석하게, 다시 말해 판명하게 인식하는 것이다. 그에 반해, 감성적 인식의 목표는 어떤 대상을 외연적으로 명석하게, 즉 징표들의 풍요함에서 —비록 징표들 하나하나는 판명하게 인식되지 않지만— 파악하는 데 있다. 이러한 바움가르텐의 관념에 따르면, 감성적 인식의 모호-명석함은 논리적 인식이 추구하는 판명성의 전 단계에 불과한 것이 아니다. 두 가지 인식 종류의 목표는 서로 다르다. 지성적 인식, 즉 판명한 인식은 추상과 분석을 통해 다수 사물로부터 개념을 획득하는 것을 목표한다. 그것은 다수 사물이 지닌 동일 징표들에 초점을 맞춰 다수의 동일한 것으로부터 개념을 획득하려 한다. 예를 들어 다종다양한 나무들에서 구체적이거나 우연적인 차이들을 제거하고 공통의 징표만을 추출하여 '나무'라는 개념을 획득하는 것이다. 이와 달리, 감성적 인식은 대상이 지닌 특유의 풍요로움에 집중한다. 예컨대 그것은 다수 나무로부터 추상적인 개념을 획득하려는 대신 특정 나무가 고유하게 지닌 구체적 특징들에 주목하여 그 나무를 파악하려 한다. 바움가르텐은 『미학』에서 이렇게 말한다.

> 논리적이고 학문적인 종류의 사유는 그것의 주된 대상들을 … 추상에 의해서 그저 몇 가지 규정에서 고찰하는 것을 선호한다. 그에 비해 아름답게 사유하려는 사람이 가장 선호하는 것은, 자신의 주된 소재들을 전혀 추상하지 않고 유사이성에 의해 다수의 규정에서 고찰하고, 더 나아가 지극히 구체적인 대상들에서, … 즉 개별사물들, 그 자체로 존립하는 사물들과 사람들과 사건들에서 … 고찰하는 일이다(§752).

요컨대 외연적으로 명석한 표상, 즉 감성적 표상은 지성의 분석이 개념 획득을 위해 외면해 버리는 징표들에 주목한다. 그렇지만 이런 징표들에 주목하는 감성적 인식은 개념적 인식의 하위에 놓이는 것이 아니다. 감성적 표상은 오히려 개념적 세계 표상에 의해서는 획득될 수 없는 영역을 파악하는 것이라 이해할 수 있다. 지성 내지 이성의 표상은 세계의 추상적인 '본질' 포착에만 주력하기에 우리가 '현상'

의 풍요로움을 향유할 수 없게 하기 때문이다. 『미학』에서 바움가르텐은 이렇게 말한다.

추상이란 손실이 아니고 다른 무엇이겠는가? … 울퉁불퉁한 대리석 덩어리를 동그란 공 모양으로 변형시키는 일은 최소한 동그랗다는 더 높은 가치에 상응하는 만큼의 질료를 없애야 가능한 것이리라(§560).

앞서 인용된 『미학』§752에서 볼 수 있듯, 바움가르텐은 영혼의 감성적 능력을 '유사이성'이라고도 부른다. 외연적으로 명석한 영혼의 감성적 표상이 세계를 그 나름대로 ―풍요롭게― 표상하는 한, 이 표상은 '이성 활동에 유비적인' 인식이란 성격을 지닐 수 있다. 그리고 이런 종류의 인식을 산출하는 감성 능력은 유사이성이라 불릴 수 있다. 이미 이런 명칭 자체가 인간의 표상 활동에서 감성의 역할에 높은 의미를 부여하는 것이다. 유사이성이라 불리는 감성 능력은 이성 내지 지성이 열어 놓는 세계와는 다른 세계의 경험을 가능케 한다. 상위 인식력은 감성이 제공하는 대다수의 정보는 외면하고 현상적 현실을 초월하여 이 세계에 대한 '참된' 진실을 깨닫고자 한다. 그것은 이 세계의 운행 원리에 대한 본질적이고 궁극적인 진실을 획득하고자 한다. 이는 전통적인 형이상학적 인식론의 목표이기도 하다. 그와 달리, 외연적으로 명석한 유사이성의 표상은 감성적으로 지각된 현실, 다시 말해 현상적 현실에 머문다. 지성은 현상 세계 내 사물들의 특징적 징표들을 서로 구별하고 비본질적 징표들은 사상해 버리며 공통점과 근본적 차이점에 주목하면서 현상적 사물들의 '근거'인 보편적 개념을 획득하는 데 진력한다. 반면 유사이성은 감성적 현상에 머물러 이에 몰두할 뿐, 결코 이 현상을 넘어서 다른 무엇으로, 이른바 '현상의 본질'로 뚫고 들어가고자 하지 않는다. 『미학』의 표현을 빌리면,

세계의 제일 원인, 즉 세계의 최초 근거 부분들과 운명의 실마리를 좀 더 면밀히 탐구하는 것은 통상 유사이성의 과제가 아닌바, 유사이성은 무엇인가에 의해 야기된 현상들에 머문다(§ 588).

이처럼 바움가르텐의 사유에서는 감성적인 것, 그리고 이와 더불어 현상적인 것의 고유성이 논리적 인식 이상의 기준에 따라 부정적인 것으로 폄하되지 않는다. 오히려 그는 ─자신에게 결정적 영향을 준 라이프니츠와 볼프보다 더 단호하게─ 전승된 형이상학과 인식론의 기본 관점, 즉 일체의 감성적 세계 파악은 필연적으로 오류를 수반하며, 감성적 표상이란 착각이나 오류로 귀결된다는 관점을 교정한다. 감성의 세계 표상은 지성의 세계 표상과 나란히 설수 있는 그 자체로 고유한 세계 표상이다. 『미학』머리말에서 바움가르텐은 이 새로운 감성의 학문을 위해 다음과 같은 변론을 펼친다.

우리의 학문에 대해서 이렇게 반박하는 사람도 있을 것이다. … 감성적인 것, 상상, 동화, 열정의 혼란 등은 철학자들이 다룰 만한 사안이 아니며 철학자들의 지평 아래에 있다고 말이다. 나는 이렇게 답하겠다. … 철학자도 사람 중의 사람이며, 그가 인간 인식의 커다란 부분이 자신에게는 부적당하다고 믿는다면, 제대로 처신하지 못하게 될 것이다(§6).

『미학』제2절에서 바움가르텐은 감성적인 하위 인식력, 즉 유사이성의 구체적 종류도 언급한다. 이는 볼프가 제시한 하위 인식력의 종류와 유사하다. 바움가르텐이 제시하는 것은 (1) 예리하게 감응하는 능력(§ 30), (2) 상상하는 능력(§ 31), (3) 섬세하게 통찰하는 능력(§ 32), (4) 어떤 것을 재인식하는 능력(§ 33), (5) 시를 짓는 능력(§ 34), (6) 섬세한 취미의 소질(§ 35), (7) 미래를 예측하는 능력(§ 36), (8) 표상들을 표현하는 능력(§ 37)이다. 『형이상학』(§§ 405-623)에서는 이 8가지 하위 인식력에 각기 '감각sensus', '상상력phantasia', '통찰력perspicacia', '기억력memoria', '창작력facultas fingendi', '취미indicium', '예견력praevisio', '표현력facultas characteristica'이란 명칭이 주어진다. 바움가르텐에 따르면, 각기 고유한 성격과 역할을 갖는 이러한 감성 능력들은 함께 작용하여 현상적 현실의 감성적 인식을 산출한다.

3) 미의 이론

바움가르텐의 미 개념은 이러한 감성적 인식, 유사이성의 인식에 근거해서 도출된다. 『미학』에서 제시되는 미의 정의에 앞서 우선 『형이상학』(§ 488)에서의 정의를 보면, 미는 "현상인 한에서의 완전성"이다. 이 정의에 따르면, 미는 감성에 의해 포착 가능한 완전성으로 규정된다. 앞서 설명된 것처럼 현상의 포착이란 유사이성, 즉 하위 인식력의 사안이기 때문이다. 따라서 바움가르텐에게서 미는 감성적인 하위 인식력의 표상과 관련된 무엇이 된다.

미를 완전성으로 파악한다는 점에서 바움가르텐의 정의는 분명 라이프니츠와 볼프의 철학의 틀 내에 있다. 그렇지만 위의 정의는 라이프니츠-볼프 철학과 바움가르텐의 견해 사이의 미묘한 차이점도 확인시켜 준다. 앞서 3장에서 보았듯, 라이프니츠와 볼프는 감성에 대해 ―적어도 데카르트와 비교할 때― 비교적 높은 지위를 부여하고 감성(긍정적 감정)과 미를 연결시키는 경향을 보여 준다. 그렇지만 라이프니츠와 볼프는 진으로서의 완전성과 선으로서의 완전성 그리고 미로서의 완전성 사이의 차이를 아주 분명하게 규정하고 있지는 않다. 이들은 미로서의 완전성이 긍정적 감정과 강하게 결부된다는 점에 주목하기는 하지만, 그렇다고 진으로서의 완전성과 미로서의 완전성은 그런 감정과 무관하다는 견해를 펴는 것도 아니다. 라이프니츠에게 완전성이란 신에 의해 '예정조화된' 이 세계의 존재 질서이며, 인식이란 이러한 존재 질서인 완전성의 파악이고, 선이란 이 질서에 부응하여 행위한다는 데서 존립한다. 그리고 그에게 세계의 존재 질서는 완전하다는 의미에서 아름다운 것이기도 하다. 즉 라이프니츠에게 미는 독자적인 것이기보다 진과 선에서 파생적으로 나타나는 무엇에 불과하다. 사실 세계의 존재 원리에 대한 라이프니츠의 이런 견해는 중세 스콜라철학의 관점을 계승한 것이기도 하다. 스콜라철학에서도 이 세계의 존재하는 모든 것들의 근본 원리는 '통일성'이라 정의되었으며, 이 통일성은 질서, 완전성, 진리, 선이란 개념들과 동일시되었다. 그리고 미란 용어가 이따금 등장하여 이런 개념들과 동일시되었다.[10] 즉 스콜라철학에서 미란 조화로운 객관적 사태를 가리키는 말이었으며, 이는 라이프니츠에게서도 마찬가지이다. 완전성이라

---

[10] Barbara Ränsch-Trill, *Phantasie. Welterkenntnis und Welterschaffung. Zur philosophische Theore der Einbildungskraft*, Bonn 1996, p.135 참조.

는 사태(이는 곧 진리이기도 하다)는 인간이 그에 대해 생각하거나 인식하기 이전에 이미 존재하는 것이며, 그런 점에서는 미도 다르지 않다. 다만 라이프니츠는 저작 몇 군데에서 미와 긍정적 감정을 긴밀히 연계시켰고, 그 결과 미는 객관적 사태에 불과한 것이 아니라 인간의 주관 경험에도 의지하는 무엇일지 모른다는 여운을 남겼다.

이 세계의 존재 질서에 대한 볼프의 견해는 라이프니츠의 관점에서 크게 벗어나지 않는다. 하지만 그는 미의 문제를 논할 때 인간 감성을 결정적 요소로 부각하는 면모를 보여 준다. 앞서 보았듯, 볼프는 『경험적 영혼론』에서 미를 '감성적으로 인식할 수 있는 한에서의 완전성'이라고 규정한다. 하지만 그에게도 완전성이란 어디까지나 객관적으로 존재하는 질서이다. 인간의 인식은 분석과 연역 및 추론 등의 방법을 통해 현상을 넘어서려 하며, 그렇게 해서 궁극적으로는 이 세계의 존재 질서를 탐구해 나갈 수 있다. 그런데 감성은 그렇지 못하다. 물론 감성은 착각의 근원에 불과한 것이 아니라 제한된 방식으로나마 세계의 질서를 파악한다. 이 세계의 존재 질서가 감성에 의해 모호하게 표상

될 때, 그것은 우리에게 즐거움을 느끼게 한다. 그리고 이때의 표상이 바로 미이다. 하지만 이런 견해가 볼프에 의해 적극적으로 개진되었던 것은 아니다. 미에 관한 이런 규정은 『경험적 영혼론』의 구석진 곳에서 단 한 번 등장할 뿐이다. 라이프니츠를 따르고 있는 그의 형이상학 체계에서 미란 '본질적으로는' 이 세계의 질서라는 객관적 사태를 가리키는 개념일 수밖에 없으며(이념적 미), 그것은 오로지 지성에 의해서만 파악될 수 있다.

이와 달리, 바움가르텐은 미를 주로 현상의 문제로 이해하려는 경향을 드러낸다. 그의 저작에서는 이념적 미, 지성에 의해 파악되는 미에 관해서는 전혀 언급되지 않는다. 물론 바움가르텐 역시 라이프니츠와 볼프의 형이상학적 틀을 받아들이며, 그의 사상은 근본적으로는 이 틀 내에서 움직이고 있다. 그럼에도 불구하고 바움가르텐은 지성의 미, 즉 이념적·초월적 미에 대한 지나친 관심은 문제적이라 여기는 듯하다. 그의 관점에서는 현상의 미를 표상하는 가능성이 훨씬 더 중요한 문제로 부각된다. 이러한 바움가르텐의 관점은 그의 진리관에 의해서 확인된다.

『미학』에서 바움가르텐은 이 세계 존재 질서로서의 완전성과 동일시되는 진리를 다시 세분해서 고찰한다. "우리는 형이상학적 진리를 객관적 진리라 부르고, 어떤 주어진 영혼에서의 진리 표상을 주관적 진리라 부를 수 있을 것이다"(§ 424 – 강조는 원문에 근거함). 그런데 바움가르텐에 따르면, 유한한 존재인 개별 인간은 형이상학적인 객관적 진리, 달리 말해 "넓은 의미의 … 논리적 진리"(§ 424)에 결코 다다를 수 없다. 객관적 진리는 오로지 신적인 지성에 의해서만 획득될 수 있는 무엇이다. 인간은 그저 이론적으로만 이러한 진리를 선취하고 궁리할 수 있을 뿐 획득할 수는 없다. 즉 인간은 주관적인 표상 능력의 힘에 기대서 현상 세계를 초월하는 무엇, 현상 세계에 속하지도 않고 속할 수도 없는 완전한 무엇을 표상하려 시도할 뿐이다. 바움가르텐은 그러한 시도의 결과를 '주관적 진리'라 부른다.

바움가르텐은 이 주관적 진리를 다시 "좁은 의미의 논리적 진리"와 "미감적 진리"로 구분한다(§ 424). 이러한 구분은 사실 지성 내지 이성의 표상과 유사이성의 표상 사이의 구분의 변형일 뿐이다(§ 424). (좁은 의미의) 논리적 진리가 상위 인식력에 의해 획득되는 명석하고 판명한 표상에서 포착되는 진리라면, 미감적 진리는 하위 인식력인 유사이성에 의해 가능한 한 많은 대상 징표들과 더불어 포착되는 진리이다. 물론 이것도 진리인 만큼 단일성과 다수성의 통일을 뜻하는 조화, 달리 말해 완전성의 표상이란 성격을 가진다. 하지만 그것은 이념적 완전성이기보다는 '현상 차원의 완전성'이며, 그것이 바로 미이다. 이렇듯 바움가르텐에게서 미감적 진리란 미와 다른 것이 아니다. 바움가르텐의 사유에서 미란 본질적으로 감성적 지각에 의해 매개된 미, "현상에 머무는"(§588) 표상 능력인 유사이성에 의해 매개된 미이다.

그런데 감성 능력에 의해 포착된 완전성으로서의 이러한 미는 주관 측면에서 인간의 모든 감성적 능력의 활성화와 조응한다. 다시 말해, 현상적 완전성인 다양의 감성적 통일로서의 미가 포착될 수 있으려면, 주관의 감성적 인식 능력이 충분히 발전되어 있어야 한다. 바움가르텐이 『미학』 제1절과 제2절에서 말하듯, 천부적 소양 외에 이 소양을 더욱 발전시키는 훈련 등의 과정을 거쳐 감성적 인식 능력이 연

마되어야 하는 것이다. 그럴 때야 비로소 감성적 인식 자체가 '완전'해져 완전성의 표상을 획득할 수 있다. 바움가르텐은 바로 이러한 측면을 『미학』 제1절이 시작되는 §14의 정의에서 강조하고 있다.

미학의 목적은 감성적 인식의 완전성 자체이다. 그런데 이것이 바로 미이다.

미는 주체의 감성적 인식 수행 과정에서 비로소 나타나는 현상이며, 이때 미는 주체의 감성적 인식이 갖는 완전성의 정도에 따라서 더 탁월하거나 덜 탁월할 수 있다. 여기서 미의 탁월성의 정도 혹은 완전성의 정도라는 것은 외연적 명석성의 정도라고 이해될 수 있다. 즉 미로서의 완전성이라는 것은 어떤 대상의 표상에서 가능한 한 최대의 외연적 명석성을 획득하는 것, 대상을 그 징표들의 조화로운 풍요함에서 표상케 하는 것을 뜻한다.

여기서 한 가지 확인할 수 있는 점은 『미학』 §14에서 발견되는 미의 정의는 볼프가 제안한 미의 정의에 중대한 변화를 가져온다는 사실이다. 앞서 볼프는 미를 '감성적으로 인식할 수 있는 한에서의 완전성'이라 정의했다. 그에 비해 『미학』§ 14에서의 미는 '감성적 인식 자체의 완전성'이라 정의된다. 볼프에게서 미란 어떤 객관적 완전성이 하위 인식 능력에 의해 포착된 것, 따라서 지성이나 이성에 의해 포착된 것에 비하면 낮은 수준이며 따라서 불완전하게 포착된 것에 지나지 않는다. 그러나 바움가르텐은 이제 미로서의 완전성을 감성적 인식 자체의 완전성이라고 규정한다. 이에 따르면 미는 주관 능력의 조화로운 활동과 여기서 획득되는 외연적 명석성의 강한 정도에 근거한다. 물론 그렇다고 해서 바움가르텐이 칸트의 주관주의 미학을 선취한 것이었노라고 평가할 수 있다는 뜻은 아니다. 앞에서도 말했듯, 라이프니츠-볼프주의자로서 바움가르텐은 근본적으로 진리를 완전성으로 파악했으며, 이 완전성은 세계의 존재 질서에 다름 아니라고 파악하고 있었다. 즉 그의 사상에서도 완전성(진·선·미)은 일단 세계의 객관적인 존재 질서로서 전제되어 있으며, 이 점은 『형이상학』을 비롯한 그의 저작들에서 확인된다. 그리고 이런 점을 본다면, 바움가르텐은 ―라이프니츠 및 볼프와 마찬가지로― 미를 객관적 사태와 주관적 사태 중 어느 것으로 볼 것인지의 문제에서 궁극적 결정을 내리지 못한 것이라 평가할 수 있다. 『미학』과 『성찰』 및 『형이상학』 중 '경험론 영혼론'에서 피력되는 미학 사상과 그의 여타 저작에서 표현되는 라이프니츠-볼프주의적 세계관 사이에는 그 어떤 괴리가 존재하기 때문이다. 아무튼 미감적 진리 내지 미에 관한 바움가르텐의 사상에 관해서는 '미의 요건' 중 진실성의 요건을 다룰 때 다시 한 번 논의할 기회가 있을 것이다.

4) 예술의 이론

바움가르텐은 『미학』의 §§ 18-20에서 외연적으로 명석한 인식의 완전성을 좀 더 면밀하게 분석한다. 이 분석의 내용은 앞에서 이미 소개된 것이기도 하다. 즉 바움가르텐이 미학의 체계를 3개 분과로 나누었을 때의 그 내용이다. 앞서 이야기했듯, 그는 미학의 체계를 삼분하여 발상론과 방법론 그리고 기호론으로 계획한다. 그러나 방법론과 기호론의 부분은 끝내 집필되지 못한다. 더불어 이 3분법은 전승된 수사학의 세 분야인 발상법과 배열법 및 표현법을 원용한 것이라는 사실을 이미 언급했다. 그런데 바움가르텐은 이때 수사학의 세 분야를 그저 원용하는 데 그치는 것이 아니라 감성적 인식의 완전성으로서 미라는 관점에 맞추어 이를 재해석한다. 그에 따르면 감성적 인식의 완전성은 세 가지 층위로 이뤄진다. 달리 말해 감성적 인식의 완전성은 세 가지 층위로 나뉘어 고찰될 수 있다. 먼저 감성적 인식의 완전성으로서 미는 첫째로 "현상이라 불리는 일자와 … 사유의 합치"(§ 18)를 요구하고, 둘째로 "아름답게 사유되는 사안에 관해 우리가 성찰할 때의 질서가 갖는 조화는 물론 현상인 한에서 사태와의 조화"(§ 19)를 요구하며, 마지막으로 "질서 및 현상인 한에서 사태들과 기호의 내적 조화"(§ 20)를 요구한다. 바움가르텐은 현상의 완전성 내지 "감성적 인식의 보편적 미"(§ 18)란 세 가지 층위에서의 조화라고 생각한다. 바움가르텐은 이 세 가지 층위를 "사태와 사유의 미", "질서의 미" 그리고 "지칭의 미"라고도 부른다 (§ 18-20). 그는 ―단순히 전통적 수사학의 틀을 답습한 것이 아니라― 미를 이 세 가지 층위의 종합이라 생각했기에 자신의 미학도 이 세 가지 영역으로 나누어 고찰할 계획을 품었다.

그런데 감성적 인식의 완전성 내지 인식의 미를 구체화하는 이 세 가지 층위 중에서 마지막 것은 아름다운 사유를 표출하는 가능성에 연결되고 있다. 이와 더불어 생각해 볼 것은 바움가르텐이 『미학』에서 하위 인식력들을 논의할 때의 태도이다. 하위 인식력들은 『형이상학』에서도 비교적 자세히 언급되지만, 이 문헌에서 바움가르텐은 영혼이 지닌 하위 능력을 소개하는 정도에서 이를 다루고 있다. 그에 비해 『미학』에서는 ―앞서 언급했듯― '성공적인 심미가'가 갖춰야 할 천부적 소양으로서 이 능력들에 관해 언급하고 있다. 여기서 성공적인 심미가는 미와 예술을 학문적으로 탐구하는 사람과 아름다운 작품을 창조하는 예술가 모두를 가리킨다. 여기서 일단 생각해야 할 점은 이 두 분야가 바움가르텐의 시대에는 아직 엄격하게 구분되지 않았다는 사실이다. 오늘날 학문으로 분류되는 것과 예술로 분류되는 것이 당시에는 모두 '자유로운 기예'에 속했다(바움가르텐은 '아름다운 학문들과 기예들'의 수업을 전담하는 교수로 프랑크푸르트 안 데어 오더대학에 초빙되었다). 아무튼 이런 사실들은 바움가르텐의 『미학』이 ―오늘날의 명칭으로― 예술론도 포함하는 저작으로 기획되었음을 암시한다. 그렇지만 그가 생전에 출간한 『미학』에는 예술론이라 할 만한 내용, 즉 예술의 본질이나 예술가의 작업에 대해 구체적으로 다룬 내용은 그다지 많이 포함되어 있지 않다. 아마 그에 대해서는 '지칭의 미'를 다루는 기호론에서 집중적으로 다뤄질 예정이었기 때문일 것이다.

그렇지만 『미학』에 예술에 대한 논의가 전혀 없는 것은 아니다. 이에 대한 논의는 미의 요건 중 '진실성'을 다루는 부분, 개중에서도 특히 '허구fictiones'에 관해 논하는 30절에서 발견된다. 이 개념은 예술을 바라보는 바움가르텐의 관점을 파악하는 데 중요한 열쇠가 된다. §506에서 그는 이렇게 말한다.

진리에 가장 가까이 있는 사물들뿐 아니라, 가장 엄밀한 의미에서 진실된 대부분의 사물 자체 또한 다소 넓은 의미의 허구의 도움을 받을 때만 아름답고 감성적으로 사유될 수 있다.

바움가르텐은 『미학』의 이 지점에서부터 감성적 인식의 진리라는 것을 허구와 긴밀히 결부시켜 논하기 시작한다. 이때 그는 우선 허구를 두 가지 종류로 나누는데, 이러한 구분은 아리스토텔레스의 잘 알려진 유명한 비극과 역사의 구분에서 착안된 것이다.[11] 즉 바움가르텐은 제30절과 제31절에서 '역사적 허구'와 '시적 허구'를 구분하며, 그가 이 두 가지를 구별하는 논리는 대략 이렇다. 우선 역사적 허구를 보면 역사서술자는 지나간 일에 관해 기록하지만 오랜 옛날의 사실을 전부 알 수는 없으므로 많은 부분을 창안, 즉 허구에 의존해야 한다. 하지만 이때 그의 허구는 이 세계에서 일어날 만하다는 가능성의 범위에서 벗어나지 않는다. 그에 비해 시인의 허구는 이 세계에서 일어날 수 없지만 다른 세계에서라면 가능한 사건을 제시한다. 이 세계에서 재료를 취하는 허구는 서술된 사건이 허구인지 사실인지 분명하지 않더라도 역사적이라 불린다. 왜냐하면 그런 허구들은 이 세계에서 충분히 일어날 수 있는 것이

---

11 아리스토텔레스의 『시학』 1451a를 참고할 것.

기 때문이다(§ 509). 그에 반해 시적 허구들은 "이를테면 새로운 세계를 창조하듯"(§ 511) 이 세계에서는 일어나지 않을 사건들을 묘사한다. 바움가르텐은 § 512에서 다음과 같은 예를 들어 이 두 가지 허구에 대한 이해를 도우려 한다.

『아이네이스』 제1권에서 제우스의 노여움은 시적 허구이고, 폭풍은 역사적 허구이다. 바다를 진정시키는 신 포세이돈은 시적 허구이다. 트로이인들의 아프리카 상륙은 역사적 허구이다. … 제우스와 비너스와 신의 사도 헤르메스 사이의 대화는 시적 허구이다.

그런데 바움가르텐은 『미학』에 앞서 이미 『성찰』에서 이런 두 가지 허구의 구분을 시도한 바 있다. 이 저작에서 역사적 허구에 상응하는 개념은 '참된 허구'이고, 시적 허구에 상응하는 개념은 일차적으로 '허구'이다. 하지만 바움가르텐은 이 '허구'를 다시 두 가지로 구분하여, 그중 하나만을 시적 허구로 인정한다.

표상의 대상들은 기존 세계에서 가능한 것과 불가능한 것, 둘 중의 하나이다. 후자는 허구들이라 불릴 수 있고, 전자는 참된 허구들이라 불릴 수 있을 것이다(§ 51).

허구의 대상은 오로지 현존 세계에서만 불가능한 것과 모든 가능한 세계에서 불가능한 것, 둘 중의 하나이다. 후자를 우리는 '무세계적utopica'이라 부를 것이다. 그것들은 절대적으로 불가능하다. 전자를 우리는 '타세계적heterocosmica'이라 부를 것이다. 따라서 무세계적 표상의 부류에서 나온 표상은 모호한 표상으로서 주어지지 않고 시적 표상으로 주어지지도 않는다(§ 52).

『미학』과 『성찰』의 진술을 종합한다면, 바움가르텐에게 시적 허구란 이 세계가 아닌 다른 세계에서나 일어날 법한 사건을 다루는 것이지 그 어느 세계에서도 일어날 수 없는 사건을 다루는 것이 아니다. 이 두 가지는 어떻게 구분되는 것일까?

여기서 우리가 생각해야 할 것은 '현세계적'과 '타세계적'

그리고 '무세계적'이라는 바움가르텐의 구분이 라이프니츠의 세계관에 근거하고 있다는 점이다. 라이프니츠에 따르면, 이 세계는 '가능한 최고의 질서와 결합된 가능한 최대의 다양성'이 실현되도록 신이 마련한 세계, 간단히 말해서 '모든 가능한 세계 중 최선의 세계'이다. 그런데 라이프니츠의 견해는 후대 사상가들로 하여금 최고나 최선, 최대는 아닐지라도 어떤 식으로든 완전성이 구현되는 다른 가능성을 생각해 보는 것을 정당화해 주었다. 신은 이 세계만이 아니라 다른 형태의 완전한 세계를 창조할 수 있으니 그에 관해 성찰하는 것은 부당한 일이 아니었던 것이다. 그런데 바움가르텐을 비롯한 18세기 전반의 사상가들은 바로 이런 관념에서 상상력이나 허구의 정당성을 끌어내기도 했다. 앞서 소개한 스위스인들도 그들의 저작에서 이 논증을 펼쳤다. 하지만 이때 중요한 점은 그런 타세계에도 신의 근본적인 원리인,질서 내지 완전성이 실현되고 있어야 한다는 것이었다. 『학생 필기록』§ 592에서 확인되는 바움가르텐의 견해는 이렇다.

형이상학에서 알려진 대로, 현재적 세계는 신이 창조할 수 있는 최상의 세계이다. 사물들의 다른 어떤 연관이 여전히 좋다고 한다면, 그것은 현재적 맥락으로부터 모든 점에서 벗어나서는 안 되고 많은 부분에서 그 맥락에 같아야 한다. 즉 아름다운 정신이 다른 가능한 세계로 들어선다면, 그 세계는 모든 부분들에서 새로울 수는 없고 일정 부분들은 이 세계와 같아야 한다.

시적 허구에도 질서는 있어야 하며 지나치게 기괴하거나 상식을 벗어난 상상의 방종은 금기시된다. 그런 방종은 무세계적 허구를 낳으며 바움가르텐에게 그것은 전혀 아름다운 것이 아니다. 이러한 견해는 오늘날의 관점에서 보면 상당히 보수적이고 제한적인 것으로 여겨질 수도 있다. 바움가르텐에게 동물들이 등장하여 사람처럼 행동하는 우화fabule는 타세계적 허구이며 따라서 시적 허구이지만(『미학』 §§ 526-638), 그리스·로마 신화에서 제우스가 성적 방종을 일삼는 장면들은 무세계적 허구로서 비판받을 만하다(『학생 필기록』 § 592). 이를테면 그것은 윤리적 측면에서 신의 조화로운 질서에 어긋나는 허구이다.

아무튼 바움가르텐이 미의 고안과 표현을 위해 선호하는 것은 타세계적 허구인바, 그는 『미학』에서 이런 허구의 영역을 "시인의 세계"(§ 513)라 부른다. 따라서 "타세계적 사물들"(§ 566)에 관한 생각이야말로 시적인 종류의 사유이며, 예술작품에서 현출하는 미감적 진리는 "타세계적 진리"(§ 441)라 불린다. 예술가의 세계에서는 실재와의 합치가 진리의 척도로 간주되지 않는다. 예술의 허구적 완전성 내지 미감적 진리는 근본적으로 실재의 인식과는 다른 성질의 것이다. 예술 일반은 어떤 비존재자의 감성적 현출이며, 이런 의미에서 그것은 본질적으로 가상이다. 그렇지만 이 가상이 착각이나 거짓말과 동일시되어서는 안 된다는 점을 바움가르텐은 아우구스티누스를 인용해서 강조한다.

> 누군가 이런 반론을 펼칠 수도 있을 것이다. '당신은 이 허구들이 거짓말임을 인정할 것이다.' 당신은 이런 허구들이 거짓말이라는 것을 인정할 것이라며 반박하는 사람도 있을 것이다. … 아마도 내가 대답하기보다는 다음과 같은 성 아우

구스티누스의 말로 답변하는 것이 더 나을 것이다. 우리가 허구로 지어내는 모든 것이 거짓말은 아니라, 우리가 아무 의미도 없는 어떤 것(이는 그 어떤 진리도 갖고 있지 못하다는 싹수이자 추악한 징후이며, 미감적 허위의 징후일 뿐 아니라 도덕적 허위의 징후이기도 하다)을 고안해 낸다면, 그것이 거짓말이다. 하지만 우리가 허구로 지어낸 것이 그 어떤 의미에 결부된다면(그리하여 비교적 고찰될 만하고 그에 대한 표상이 충분히 가치 있는 무엇에서 우리가 어떤 확실한 진리를 완전하게 표현할 수는 없다 할지라도 적어도 불완전하게 표현할 수는 있으며, 지고한 진리 중 어떤 것을 현시할 수는 없을지라도 순수한 마음과 순수한 손으로 그런 진리들과 가까운 어떤 진리를 현시할 수 있다면), 그것은 거짓말이 아니라 진리의 한 형태이다(§ 525 – 강조는 원문에 근거함).

시적 작품으로서의 자유로운 기예들은 본질적으로는 가상이지만 모종의 진리 가치를 가진다. 그것들에는 미의 근본적 규정인 완전성이 부여될 수 있기 때문이다. 따라서 인간에 의해 산출된 감성적으로 아름다운 허구인 예술 일반은 미감적 진리의 영역인 것으로 입증되며, 이 진리는 유사이성에 의한 아름다운 사유의 결과물로 평가된다.

이상의 논의에서 알 수 있듯, 바움가르텐 미학의 축을 이루는 것은 감성적 인식의 복안이다. 그는 외연적 명석함이란 개념에 의해 세계의 감성적 표상 내지 재현을 정당화함으로써 그러한 복안을 관철하려 한다. 전승된 인식론의 관점에서 본다면, 외연적 명석함을 갖는 표상은 아직 진리의 인식이 아니다. 그런 표상은 지성의 논리적 인식에 대립하기 때문이다. 하지만 감성적 인식은 그것만의 특유한 인식 가치를 지닐 수 있다. 이런 '유사인식'을 낳는 감성 능력을 바움가르텐은 유사이성이라고도 부른다. 유사이성은 현상과 관계하는 인간의 능력이다. 다음으로, 바움가르텐은 미를 현상에서의 완전성이라 정의한다. 현상에서 드러나는 이 완전성은 오로지 유사이성의 적절한 인식 수행에 의해서만, 즉 완전하고 아름다운 사유에 의해서만 매개될 수 있다. 바움가르텐은 이러한 맥락에서 미를 감성적 인식의 완전성이라 정의하기도 한다. 이런 의미에서 미는 완전성의 가상 내지는 가상적 완전성인바, 미는 유사이성의 감성적 재현의 완전성에 기초하기 때문이다. 이러한 미는 자연에서 발견될 수 있지만 직관적 예술작품들로 객관화될 수도 있다. 예술이란 기예의 작품들은 타세계적인 것을 구성하는 감성적 활동의 객관적 결과들이다.

3. 미의 요건

앞에서 언급했듯, 바움가르텐이 생전에 출간한 『미학』은 904개의 항(§)으로 구성되며, § 1은 미학의 정의이다. 머리말과 제1절 및 제2절에서는 미의 정의가 제시되고 나서 미의 3가지 층위와 감성적인 하위 인식력 등이 설명되며, 미에 필수적인 6가지 요건(풍요성, 위대성, 진실성, 선명성, 확실성, 생동성)의 목록도 제시된다. 더불어 제2절 및 제3-7절에서는 성공적인 심미가가 갖춰야 할 천부적 소질과 후천적으로 획득되어야 할 소양도 설명된다. 제7절까지의 내용을 구성하는 것은 904개 항 중 114개 항이다. 나머지 790개 항은 미의 5가지 요건에 대한 상론에 할애된다. 이미 말했듯, 미완성본인 『미학』에서는 여섯 번째 요건인 생동성에 관한 논의가 빠져 있다. 미의 요건이란 '감성적 인식의 완전성',

즉 미가 필수적으로 갖추어야 할 것들이다. 감성적 표상이 가능한 최대의 완전성 내지 미를 구현하려면 반드시 충족시켜야 할 조건들인 것이다. 그런데 이 요건들과 그에 관한 상론에 동원되는 여러 개념도 사실은 전승된 수사학과 깊은 관련이 있다. 즉 바움가르텐은 많은 개념을 수사학에서 빌려 온다. 하지만 그는 이 개념들을 라이프니츠-볼프주의 형이상학의 틀 내에서 재해석하려 시도한다. 라이프니츠-볼프주의 형이상학에서 완전성 내지 미가 다양의 통일성이므로 바움가르텐은 위의 요건들을 감성적 인식에서 다양의 통일성이 실현되기 위한 필요한 요건들로 해석하려 한다. 이런 맥락에서 제8절 이후의 상론은 감성적 인식의 완전성인 미에 관한 좀 더 구체적인 설명을 담고 있는 것이기도 하다. 그런데 이 내용 중 일부는 앞서 §1에서 정의된 미학을 '감성의 인식론'과 '미의 이론' 그리고 '예술 이론'의 종합으로 설명해 보는 과정에서 이미 소개하였다. 특히 진실성과 풍요성이란 요건에 속하는 내용 중 일부가 미학의 정의와 관련된 설명에 동원되었다. 이하에서는 앞서 서술된 내용과 중복은 피하면서 바움가르텐이 설명하는 다섯 가지 요건의 내용을 간략히 소개해 보도록 하겠다.

1) 풍요성

미의 첫 번째 요건 '풍요성$_{ubertas}$'은 『미학』 제8-14절(§§ 115-176)에서 다뤄진다. 바움가르텐의 풍요성이란 범주가 함축하는 것은 "풍부함$_{copia}$, 넘쳐남$_{abundantia}$, 많음$_{multitudo}$, 부유함$_{divitae}$, 풍성함$_{opes}$"(§ 115)이다. 쉽게 짐작할 수 있겠지만, 이는 감성적 인식의 본질인 외연적 명석함과 직접 관련된 범주이다. 앞서 감성적 인식의 본질은 외연적 명석함이며, 외연적으로 명석한 표상이란 감성적으로 경험되는 것의 풍요로움을 특징으로 하는 표상이라고 설명한 바 있다. 감성적 인식의 완전성으로서의 미는 이런 풍요로움이 극대화된 표상과 관련된다. 완전성이 단일성과 다수성의 통일을 뜻한다는 점을 감안한다면, 풍요성이란 가능한 한 많은 사물과 그 징표들이 (조화롭게) 포착되고 있는 상태를 뜻하며, 이것이 바로 미의 첫 번째 요건이다.

그런데 『미학』 제1권과 제2권은 바움가르텐이 제시하는 미학의 세 영역 내지 분과 중에서 발상론만을 다루고 있지만, 그가 이 저작들에서 제시하는 미의 요건들은 발상론에만 관계되는 것이 아니다. 이는 바움가르텐의 미학 체계 구분에 내재한 문제점이기도 하다. 앞서 설명했듯, 바움가르텐은 미학의 분야를 셋으로 나누며 출판된 저작에서 다뤄진 것은 '사태와 사유의 미'를 다루는 발상론이다. '질서의 미'를 다루는 방법론과 '지칭의 미'를 다루는 기호론은 집필되지 않았다. 하지만 다른 한편으로 바움가르텐은 '사태와 사유의 미' 및 '질서의 미'와 '지칭의 미'를 모든 감성적 인식의 완전성인 미의 세 가지 본질적 층위라고 말하기도 한다. 그렇다면 집필된 발상론도 그것이 미를 다루는 이상 이 세 가지 층위를 모두 설명할 수밖에 없다. 이런 점을 본다면 바움가르텐의 체계 구분에서는 얼마간 문제점이 발견된다. 물론 만약 그가 미학의 전체 체계를 집필하는 데 성공했다면, 그 결과물에서 이런 의구심을 불식시켰을 수도 있다. 예컨대 그는 ―미가 비록 세 가지 층위의 종합일지라도― 방법론과 기호론에서 그 대상 영역에 좀 더 집중적인 논의를 전개했을 수도 있다. 바움가르텐의 『미학』이 완성되지 않았기에 우리는 눈에 띄는 '혼란스러움'이 진정

해소되지 못할 문제점이었는지 아닌지 단언하기 어렵다.

아무튼 바움가르텐은 미의 요건을 다룰 때 이것들을 그저 '참신한 발상'에만 연결시키는 게 아니라 '발상의 질서'나 '발상의 표현'과도 결부시킨다. 이때 그는 '주제나 소재에 관련된 참신한 발상'을 성공적인 심미가의 주관 측면과 관련된 사안으로 정리하는 듯하며, 이런 질서 있는 발상의 기호적 표현 문제는 결과물로서의 객체 측면에 결부시키고, '아름다운 발상에 갖춰야 할 질서'는 때로 주관, 때로 객체 측면에 연결시키는 듯하다. 그래서 그는 미의 요건을 다룰 때도 일단 주관적 측면과 객관적 측면으로 나누어서 서술한다. 다시 말해, 미는 특정한 인간의 정신에서 존재할 수도 있고 이 정신의 표현물에서 존재할 수도 있기에 미의 요건 역시 두 가지로 구분되어 설명된다. 『미학』 제8절의 §118에 따르면,

미감적 풍요성은 ⋯ 인간 정신의 힘들이 대상들 및 사유되는 것을 풍부하게 그려낼 수 있는 근거가 그런 대상들 및 사유되는 것 자체에 있는 한에서 객관적(대상, 즉 소재의 풍요함)이

거나, **주관적**(정신과 인격의 풍요함)이다. 후자의 경우 미감적 풍요성이란, 어떤 대상을 특정한 방식으로 직접 풍부하게 묘사할 수 있는 특정 인간의 자연적 가능성과 능력을 뜻한다 (강조는 원문에 근거함).

제9절 '소재의 풍요성'에서는 무엇보다 감성적 인식의 대상 영역이 제시된다. '아름다운 사유', 즉 미감적 인식과 학문이 공유하는 세계에서 철학이나 수학 등의 학문과 미감적 인식은 서로 다른 대상 영역을 가진다. 학문은 추론과 분석을 통해 정확히 파악되는 지점들에 주목하며(§ 123), 여기서 벗어나는 모든 것은 착각이나 오류로 치부해 버린다. 미감적 인식은 학문에 의해 착각이나 오류로 치부되는 대상들을 진지하게 다룬다. 미학은 감관(감각기관과 지각 작용)에 나타나는 있는 그대로의 현상에 집중하기 때문이다(§ 124). 성공적인 심미가는 이런 현상에서 소재를 취하여 이를 충분히 풍요롭게 표현할 수 있어야 한다(§ 128). 제10절의 제목은 '토픽Topica'인데, 이는 "논법을 고안하는 기예 혹은 교설"(§ 130)이라 정의된다. 여기서 논법은 토포스topos라 지칭

된다. 이는 어떤 사항을 적절하게 명확하게 이해시키기 위해 개념들과 표상들을 배치하는 절차를 가리킨다. 고대에는 다양한 종류의 논법들, 즉 토포스들이 수집되어 하나의 학문인 토픽으로 집대성되었다. 즉 토픽이란 언제든 활용할 수 있는 논법들의 저장고 같은 기능을 했다. 바움가르텐은 토포스를 '논리적인' 것과 '미감적인' 것으로 나누는데(§ 131), 사실 고대 이후로 토픽은 이런 두 종류의 토포스를 포함하고 있었다. 논리적 토포스는 주로 올바른 연역과 분석을 통해서 설득력 있는 명제를 도출하는 데 기여하는 논법들을 뜻한다면, 미감적 토포스는 청중들의 감성에 호소할 수 있는 수사적 표현들과 관련된 것이다. 달리 말해, 미감적 토포스는 풍요한 표상들의 적절한 배치에 의해서 청중에게 영향을 미치는 표현법과 관련된다. 고대로부터 전승된 이런 표현법 내지 상투적 문구의 집합물인 토픽은 미감적 발상의 표현에 기여할 수 있다(§ 139). 제11절 '풍요한 논증'은 이에 관해 좀 더 자세하게 논한다. 제11절까지의 내용이 주로 발상과 관념의 풍요성보다는 그런 생각을 표현하는 방식에 관련된 것이라면, 제12절의 주제는 '정신의 풍요성'인바, 이는 주관적인 측면의 풍요성을 다룬다. 즉 여기서 논의되는 것은 풍요한 방식으로 소재를 사유해서 강한 외연적 명석성을 지닌 표상들을 산출해 내는 심미가의 능력과 소양이다. 바움가르텐은 제13절과 제14절에서 미의 본질을 이루는 외연적 명석성이란 그저 많은 표상을 지니기만 하면 되는 것이 아니라는 점을 지적하고 있다. 즉 표상이 과도하게 많은 것을 지니고 있게 되면 오히려 아름답지 못하다. 표상의 풍요성에도 일정한 제한이 있어야 한다. 바움가르텐은 이런 제한을 '간결성brevitas'이란 개념으로 표현한다. 미란 완전성이고 완전성이 다양의 통일이라면, 간결성은 통일 내지 조화를 강조하는 개념이라 이해될 수 있다.

2) 위대성

미의 두 번째 요건은 '위대성magnitudo'인데, 이는 제15-26절(§§ 177-422)에서 논의된다. 이 요건에 대한 논의는 분명 수사학에 근거를 두고 있다. 그 직접적인 자극이 되는 것은 롱기누스Longinus라는 인물이 썼다고 전해지는 1세기경의 저작 『숭고론』이다. 이 저작은 오랫동안 잊혔다가 17세기 서양 지식인들에 의해 재발견되어 커다란 반응을 얻었다. 이 저작은 언어의 힘에 의해 청중을 압도하고 도취케 하는 수사적 기법을 다룬 것으로 통상 '숭고론'이라 번역되는 원제의 뜻은 '큰 것(압도적인 것)에 관하여'에 가깝다. 이 저작은 17~18세기 서양에서 정립된 미와 예술의 이론 모델들에 적지 않은 영향을 주었으며, 앞서 소개한 고트셰트와 스위스인들의 저작들에서도 이 저작과 관련된 논의가 발견된다.

바움가르텐은 위대성에 관한 부분을 롱기누스 저작의 인용으로 시작하는데, 그 인용문은 이렇다. "우리의 생각과 성찰에 자꾸만 나타나서 정신으로부터 몰아내기가 거의 불가능하며, 지속적이며 확고하게 그리고 지워지지 않게 기억에 남는 것은 참으로 위대하다"(§ 177). 이때 바움가르텐은 자신이 주목하는 위대성이 어디까지나 '미감적'인 것임을 강조한다. 그리고 이렇게 해서 모든 표상과 그 산물의 위대성이 아니라 외연적으로 명석한 표상과 그 객관적 산물의 위대성이 논의의 대상이 되는 것임을 분명히 한다(§ 177). 더 나아가 그는 이 위대성 혹은 숭고함이 대상과 사유 모두와 연관될 수 있음도 밝힌다.

미감적 위대성이란 명칭에서 우리가 총괄하는 것은 1) 대상들의 무게와 그 중요성, 2) 이런 대상들에 적합한 사유의 무게와 중요성, 그리고 3) 양자를 합친 상태의 생산성이다(§177).

『학생 필기록』의 §177에는 같은 내용이 이렇게 서술되어 있다.

우리가 아름답게 사유해야 하는 모든 것은 미감적으로 커야 한다. 이는 불가결하게 필수적이다. 이를 위해서는 사유의 대상들이 커야 하고, 다음으로 사유의 크기가 대상들과 같거나 그에 비례해야 하며, 마지막으로 두 가지가 합쳐 중요한 효과를 갖지 못해서는 안 되며 생산적이고 감동적이어야 한다.

이렇듯 바움가르텐에 따르면, 위대성 내지 숭고함이란 범주는 대상 내지 소재의 크기와 그에 대한 표상의 크기를 모두 포괄하며 두 가지가 적절히 결합할 때만 진정 위대한 결과물이 생산될 수 있다. 이에 상응해서 그는 제16-23절에서 주로 아름답게 사유되는 소재의 위대성을 논하며, 제24-26절에서는 주로 아름답게 사유하는 인격의 위대성을 다룬다. 바움가르텐은 위대성을 모든 아름다운 사유에 필수적인 절대적 위대성(완전한 감성적 인식이라면 반드시 갖춰야 할 위대의 요건)과 특정 사유와 소재의 결합에서 그때그때 나타날 수 있는 상대적 위대성으로도 구분하기 때문에 (§178) 소재의 위대성과 사유의 위대성을 논할 때도 각기 이런 구분이 적용된다. 즉 원칙적으로 소재의 절대적 위대성과 상대적 위대성 그리고 사유의 절대적 위대성과 상대적 위대성이 있을 수 있다. 하지만 위대성과 관련된 바움가르텐의 구분은 여기서 끝나는 것이 아니다. 위대성은 또 다른 층위에서 구분될 수 있다. 『미학』 §181에 따르면,

절대적인 것이건 상대적인 것이건, 미감적 위대성은 … 상세히 보면 자유와 결부되지 않는 사물에 부여되는 자연적인 것이거나, 상세히 보면 대상들과 사상들이 자유와 결부되는

한에서 그것들에 부여되는 도덕적인 것이다(강조는 원문에 근거함).

이 구절에서 자연적인 미감적 위대성은 웅장하고 거대한 자연 대상이 갖는 위대성을 지칭하는 듯하고(근대적 사유 방식에서 자연은 과학에 의해 포착되는 '필연'적 법칙을 따르는 것이기에 '자유'를 갖지 않는다), 도덕적인 미감적 위대성은 인간 주체의 정신적 위대성과 관련되는 개념인 듯하다(인간에게는 선택의 여지가 있다는 점에서 자유가 있으며, 선택 여하에 따라 선하거나 악할 수 있다는 것이 전통 형이상학의 견해이다). 바움가르텐에 의한 이 두 가지 위대성의 구분은 칸트의 『판단력 비판』에 나오는 수학적 숭고와 역학적 숭고의 구분을 선취한 것이라고 평가할 수도 있다. 여기서 주의할 점은 바움가르텐의 자연적인 미감적 위대성과 도덕적인 미감적 위대성의 구분이 앞서 논의된 소재의 위대성 및 사유의 위대성의 구분과 같은 것이 아니라는 점이다. 전자의 구분은 차라리 미감적 소재와 사유의 특수한 경우에 속한다. 요컨대 웅대한 자연은 소재가 될 수도 있고 사유의 표상과 연결될 수도 있으며, 이

는 인간의 고결하거나 덕을 갖춘 마음인 도덕적 위대성의
경우도 마찬가지이다.

그런데 바움가르텐은 자연적인 미감적 위대성에는 크게
관심을 기울이지 않으며, 따라서 위대성 내지 숭고함에 관
한 논의에서 이에 관한 언급은 많지 않다. 반면 주체의 도
덕적인 미감적 위대성과 관련된 언급은 꽤 많은 편이다. 그
는 도덕적인 미감적 위대성을 간단히 '미감적 존엄성dignitas
aesthetica'이라고도 부르는데, 이때 인간의 도덕적 위대성이
아름다운 사유의 소재가 될 경우 이를 '객관적인' 미감적 존
엄성이라 칭하고, 어떤 소재이든 위대하게 사유할 수 있는
소양과 인격 내지 품성은 '주관적인' 미감적 존엄성이라 명
명한다. 그리고 미감적 존엄성의 이 주관적 양태를 '미감적
고결성magnanimitas aesthetica'이라 바꿔 부르기도 한다. 바움가르
텐은 미감적 사유의 특수한 경우인 '미감적 고결성'을 그 사
유의 핵심으로 간주한다. 따라서 이 고결성은 아름다운 사
유의 객관적 표현인 예술작품의 산출에서도 핵심적인 근원
을 이룬다. 즉 예술가의 '아름다운 정신'에서는 다른 소양보
다도 도덕적 고결성 내지 위대성 혹은 숭고함이 핵심적 위

치를 차지한다.(이런 견해에는 진·선·미를 통일적으로 파악하는 라이프니츠-볼프주의의 관점이 스며 있다.) 물론 바움가르텐은 성공적인 예술작품을 산출하기 위해 정신이 『미학』 제9-10절에서 언급된 '토포스'나 '풍요한 논증' 같은 것도 활용할 줄 알아야 한다는 점을 잊지 않고 말한다(§ 181). 아무튼 그는 두 번째 요건인 '위대성'의 논의에서 진실로 아름다운 사유와 그 산물이란 다채로운(풍요한) 표상으로 즐거움을 줄 뿐 아니라, 잊히지 않는 도덕적 감동 내지 감화를 줄 수 있어야 함을 역설하고 있다.

3) 진실성

『미학』 제27-36절(§§ 423-613)에서 논의되는 미의 세 번째 요건은 '진실성veritas' 내지 '진리'이다. 그 주요 내용은 '감성적 인식' 및 '예술 이론'으로서의 미학에 관한 앞의 논의에서 이미 다루었으므로 여기서는 몇 가지 점만 보충해서 언급하기로 하겠다.

앞에서 보았듯, 바움가르텐은 세계 존재 질서의 완전성과 동일시되는 진리를 형이상학적 진리 혹은 넓은 의미의 논리적 진리라 부른다. 그런데 존재 사태 그 자체를 뜻하는 이러한 객관적 진리는 유한한 인간 인식으로는 도달할 수 없는 것이며, 인간이 주관적 표상 능력에 기대어 획득하는 진리는 근원적으로 주관적일 수밖에 없다. 바움가르텐에 의하면 이 주관적 진리에는 좁은 의미의 논리적 진리와 미감적 진리가 있다. 전자는 인간의 상위 인식력인 지성 내지 이성에 의해 획득되는 진리이며, 후자는 인간의 하위 인식력인 감성에 의해 포착되는 진리이다. 두 종류의 진리는 서로 구별되는 것이지만, 양자에게는 공통점이 없는 것이 아니다. 즉 이 두 가지 진리 형식은 똑같이 형이상학적 진리를 '추구'하며(즉 이 세계의 존재 사태에 관한 참된 정보를 얻고자 하며), 이를 위해 ―라이프니츠와 볼프의 철학에서 절대적 기준의 성격을 갖는― 몇 가지 논리적 원리를 공유한다(모순율 및 배중률, 충분이유율). 두 가지 주관적 진리는 이런 공통점들을 가질 뿐 아니라 서로 보완하는 관계에 있기도 하다. 즉 바움가르텐에 따르면 두 가지 형식의 진리는 각기 자신의 장점으로 상대방의 결함을 보완해 준다. 그는 인간에게 허용된 진리를 '미감·논리적 진리veritas aestheticologica'(§ 440)라 부르기도 하는데 이 표현에서는 이 두 가지 진리 형식이 서로 긴밀히 결부된 것임이 강조되고 있다.

이러한 견해에서 드러나듯, 바움가르텐은 지성에 의해 획득되는 진리와 감성에 의해 획득되는 진리에 동등한 지위를 부여하며, 이런 점에서 라이프니츠와 볼프보다 훨씬 더 감성의 지위를 격상시키고 있다. 그런데 『미학』에서는 여기서 더 나아가 지성의 진리보다 감성의 진리를 더 우위에 두고자 하는 진술도 이따금 발견된다.

보편적 진리의 대상에서는 개별적 진리의 대상에서만큼 많은 형이상학적 진리가 결코 드러나지 않으며 무엇보다도 감성적으로 드러나지 않는다. 미감·논리적 진리가 보편적이 되면 될수록 형이상학적 진리는 그것의 대상 일반에서나 유사이성을 통해 현재화된 대상에서나 적게 나타나게 된다(§440).

어떤 종의 미감·논리적 진리는 거대한 형이상학적 진리의 표상이다. … 어떤 개체 혹은 개별자의 미감·논리적 진리는 그 종류상 가장 거대한 형이상학적 진리의 표상이다(§441).

개체들에서 특수하고 우연적인 것들을 추상해 내고 공통적인 요소들만은 분석적으로 획득한 개념, 예컨대 '나무'라는 개념(종)에 의해 작업하는 진리(좁은 의미의 논리적 진리)는 분명 이 세계에 대한 훌륭한 정보를 제공한다. 하지만 바움가르텐에 따르면, 특수하고 우연적인 요소들을 포함하는 개별 나무(개체)에 관한 표상을 제공하는 진리(미감적 진리)는 이 세계에 대해 가장 훌륭한 정보를 제공한다. 즉 논리적 인식은 추상과 분석에 의해 필연적 요소만을 추출해서 개념적 인식을 획득하려 하는 반면, 감성적 인식은 논리적으로 분석될 수 없고(혹은 논리적 분석의 관심사가 될 수 없고) 오로지 하위 인식력에만 포착되는 개별 징표들로 가득한 풍요한 표상을 획득하려 한다. §558의 표현을 빌리면, 좁은 의미의 논리적 진리는 '형식적 완전성'을 추구하며, 미감적 진리는 '물질적 완전성'을 추구한다. 그런데 미감적 인식인 감성적 인식은 상위 인식력의 인식 작업이 놓친 이 세계의 무수한 사물과 사태들을 그 풍요로움 속에서 보여 주려 하는 것이 바움가르텐의 견해이다.

물론 진리의 확실성에서 보자면, 미감적 진리는 지성의

진리만큼 확실성과 신빙성 그리고 설득력을 요구할 수 없다. 이렇게 보면, 미감적 진리란 '개연성verisimile'의 단계에 머물러 있는 것이라 이해될 수 있다.

아주 분명한 고찰에 의해 이미 확인되었듯, 아름답게 사유되는 것 내에서 표상되는 사물들은 대부분 완전히 확실하지도 않고 그 진리의 완전한 빛 속에서 모습을 보이지도 않는 듯하다. 그럼에도 불구하고 그것 중 어느 것에서도 미감적 허위의 기미를 갖는 것은 감지되지 않는다. … 그런데 우리가 완전하게 확신하지 못하지만 거기서 그 어떤 유의 허위도 볼 수 없는 그런 사물들은 개연적 사물들이다. 즉 미감적 진리는 그 본질적인 의미에서 개연성인바, 이는 비록 우리가 완전한 확실성으로 인도되지는 않더라도 거기에 허위의 기미는 전혀 없는 듯한 진리의 단계이다(§ 483 – 강조는 원문에 근거함).

… 이런 것이 바로 자연스럽고 개연적인 것인바, 심미가가 … 애써 추구하는 것이 바로 이것이다. 그럴 것이 그런 유의 사물들에서 유사이성은 비록 사물들의 진리에 관해 완전히

확신하지는 못하지만 그 어떤 허위의 기미도 감지하지 않기 때문이다(§ 484).

미감적 진리는 개연적 진리인바, 미감적 진리는 곧 미이기도 하므로 미는 개연성이란 의미에서 진실함 내지 진리를 요건으로 포함한다. 따라서 미를 객관적 산물에서 표현하려는 심미가는 자신의 작품에 그런 미감적 진리를 담아낼 수 있을 때만 성공적인 심미가란 명칭에 값할 수 있다. 예술작품이 펼쳐 보이는 세계는 수용자에게 그럴 듯하고 자연스럽게 여겨져야 한다. 달리 말해 예술작품은 —이 세계에서든 타세계에서든— 충분히 일어날 수 있는 것, 진실의 가능성이 있는 것을 표현해야 한다.

4) 선명성

『미학』 제37-48절(§§ 614-828)에서 설명되는 미의 네 번째 요건은 미감적 '빛lux' 내지 '선명성'이다.

사유에서 좀 더 참된 미와 좀 더 참된 우아함을 추구하는 사

람은 네 번째로 그의 모든 사유의 빛을, 즉 명석함과 이해 가
능성을 추구해야 하리라. 하지만 이 빛은 유사이성조차 한
사태의 상이한 징표들을 충분히 포착해 낼 수 있을 미감적
빛이어야 한다(§614).

이 인용문에서 바움가르텐은 '미감적 빛'(선명성)이 뜻하는
것이 명석함과 이해 가능성이라고 분명하게 밝히고 있다.
이때 선명성이라는 요건은 무엇보다도 아름다운 작품의 제
작과 관련된 범주인바, 바움가르텐에 따르면 수용자(관객,
독자, 청자)가 지나치게 노력하지 않아도 충분히 이해할 수
있는 예술작품이 훌륭한 것이다(§615).

우리가 풍부한 취미의 규칙들에 따라 사유하는 모든 것은,
마치 햇빛이 눈에 들어오듯 그 언술이 ―설령 청자가 그것에
주의하지 않더라도― 청자의 영혼에 밀고 들어올 수 있을 만
큼 명석해야 한다(§616).

이때 주의할 점은 논리적 인식이 추구하는 판명성이 비록

빛(선명성)이기는 하지만 결코 미감적 빛이 아니라 '논리적 빛'이며, 심미가가 추구해야 하는 것은 이것이 아니라는 사실이다(§ 617). 미감적 빛은 "사태들의 감성적 이해 가능성"이며, 따라서 이 빛은 징표들을 가능한 한 많이 끌어모아 명석성을 외연적으로 확장시키는 방식으로 획득된다(§ 618). 여기서 알 수 있듯, 바움가르텐은 '미감적 선명성'이란 범주에 의해 미감적 진리, 즉 미가 지녀야 할 외연적 명석성을 다시 설명하는 것이라 할 수 있다. 그는 이 범주가 ―출판된 저작에서 그가 서술하지 못한― '생동성vita'이란 범주와도 상통하는 것이라고 넌지시 말하는데(§ 619), 이런 진술은 '생동성'이란 범주 또한 외연적 명석성의 의미와 연관되어 설명될 계획이었음을 짐작게 한다.

그에 이어서 바움가르텐은 이 미감적 빛이 너무 강렬한 것이어서는 안 된다고 말한다. 즉 그 빛은 인위적으로 치장된 것, 과장된 것이어서는 안 되며 지극히 자연스러운 것이어야 한다. 제42절에서 바움가르텐은 선명성을 얻는답시고 서술과 표현에 지나친 치장을 가하는 것, 다시 말해 과장을 일삼는 것에 대해 경고하며, 제41절에서는 '미감적 색

채'인 묘사의 다채로움 또한 자연의 색채를 닮아야 한다고 주장한다(이 점에서 미감적 선명성은 개연성과 연결된다). 이런 자연스러운 선명성, 달리 말해 참된 미감적 빛과 관련해서 바움가르텐이 중요하게 다루는 개념들이 바로 '미감적 어둠'과 '미감적 그늘'이다.

'어둠'은 "빛과 명석성의 결여"로 정의되며(§ 631), 그것은 일단 기피해야 할 무엇으로 규정된다. "이해 가능성과 빛이 가장 먼저 찬미되는 만큼, 실제로 이런 칭찬할 가치가 있는 명석성에 참으로 대립되는 어둠은 부끄러워할 만한 것이다"(§ 633). 그렇지만 논리적 인식에서 배제되는 어둠과 미감적 인식에서 기피되는 어둠의 종류는 서로 구별되어야 한다(§§ 631-632). 논리적 인식은 판명성을 지향해서 특정 사태의 정확한 개념을 획득하려 하므로 일체 어둠, 즉 애매성과 모호성을 배제하려 할 수밖에 없다. 그렇지만 외연적으로 명석하며 모호한 표상에 머무는 감성적 인식은 애매성을 회피할지라도 ―그런 의미에서 분명 선명성은 추구할지라도― 일체 어둠을 회피하는 것이 아니다. 바움가르텐에 따르면 미감적 어둠에는 두 종류가 있다.

미감적 어둠은 미감적인 것에서 절대적 빛의 결여이거나 단지 상대적인 빛의 결여이거나 둘 중의 하나이다. 전자를 우리는 미감적 암흑, 순전한 어둠이라 부르고자 한다. 후자는 모종의 희미한 빛남, 특이한 광채인바, 이것은 우아함이 없지 않은 예외적인 무엇에서 비롯되는 것으로 언뜻 생각할 때만 결핍인 어둠, 즉 미감적 그늘이 아니라면, … 참된 미에 요구되는 생동성의 결핍이 될 것이며 … 미감적 암흑과 결부될 것이다(§634 - 강조는 원문에 근거함).

미감적 암흑은 감성적 인식에도 전적으로 어둡게 남아 있는 무엇이거나 무미건조한 무엇을 뜻하는 반면, 미감적 그늘은 순전한 어둠이 아니라 미약하고 희미한 ―게다가 그 어떤 우아함을 지닌― 밝음이며, 이런 점에서 암흑과는 종류가 전혀 다른 특이한 어둠이다. 판명성을 추구하는 대신 명석함의 외연적 확장을 추구하며 모호함의 영역에 머무는 미감적 인식에는 이런 그늘이 있을 수밖에 없다. 이런 미감적 그늘은 미감적 빛과 어울려서 미감적 인식 특유의 표상을 형성한다. 따라서 예술작품을 창조하는 심미가

역시 이런 미감적 그늘의 효과를 잘 이해하고 있어야 한다. 이에 관해 바움가르텐은 다음과 같이 말한다.

그늘이라는 명칭에서 포괄되는 것은 모든 모방적 기교, 즉 우아하게 생각되는 사물들이 너무 많은 빛 속에서 제시되지 않게 하고, 우아한 검약을 알지 못하는 사람들에게서 흔히 생겨나는 것과 달리 너무 많은 외연적 명석함을 지니고서 확산되지 않게 하는 모든 모방적 기교이다(§635).

예술적 기교로서의 미감적 그늘은 미감적 선명성이 지나쳐서 오히려 아름다운 효과를 저해하는 것을 막는 역할을 한다. 따라서 미감적 그늘은 표상이 지나치게 풍요해지지 않게 하는 장치인 '간결성'(제14절)과도 상통하는 측면을 갖고 있다. 위의 인용에서 볼 수 있듯 미감적 그늘은 외연적 명석성이 지나치게 강하거나 너무 많은 외연을 갖지 않게끔 조절하는 기능을 하기 때문이다. 미감적 그늘과 간결성 사이에 존재하는 연관성은 바움가르텐의 다음과 같은 진술에서도 나타난다. "잘 다듬어진 간결성을 위해서는 지나치게 드러나거나 완전히 가려지지 않아야 할 사물들이 그늘에 덮여야 한다"(§ 657). 즉 그늘은 간결성을 보조하는 역할도 한다.

바움가르텐은 '미감적 어둠'이란 제목을 달고 있는 제38절에서 기피해야 할 미감적 암흑의 사례를 제시하고 설명하며, 그다음 절에서는 미감적 그늘이 갖춰야 할 구체적 요건을 제시한다. 이때 그는 주로 키케로의 저작이나 베르길리우스의 작품에서 사례를 동원하여 이를 설명한다. 제40절은 '빛과 그늘의 적절한 분할'이란 주제를 다루는데, 여기서 바움가르텐은 미감적 선명성과 미감적 그늘을 어떻게 적절히 관계시켜야 미적 효과를 극대화할 수 있는가의 문제를 다룬다. 여러 가지 요건과 그 사례가 제시되지만, 결국 여기서도 핵심은 '자연스러움'이다. 바움가르텐에 따르면 성공적인 심미가라면 자신의 "전체 고찰의 은은한 빛이 전체적으로 보아 자연스럽고, 자연이 허용하는 것보다 더 작지도 크지도 않게끔" 심혈을 기울여야 한다(§ 666). 성공적인 심미가가 이러한 자연스러움을 실현하려면 자신이 다루는 소재 내지 대상의 자연(본성)을 잘 알아야 하며, 자신이 지닌 소양의 자연도 이해해야 하고, 또 수용자의 자연도 충분히 이해해야 한다(§ 667). 이는 빛과 그늘의 적절한 분할을 위해 대전제가 되는 원칙이다. 바움가르텐은 개별 창작에서의 좀 더 구체적인 원칙으로서 수용자에게 전달하려는 핵심 내용에 접근할수록 그늘을 없애고 선명한 묘사를 동원해야 한다든가, 사소한 것의 묘사에 공을 들이지 말고 이런 것은 그늘 속에 덮는 것이 현명하다든가, 논리적 판명성을 지향하는 추상적 서술은 반드시 어느 정도 그늘로 덮어서 작품에 끌어들이는 것 등을 제시한다.

제43절에서 바움가르텐은 '생생한 논증'이란 주제를 다루는데, 이는 외연적으로 명석한 표상에 근거해서 어떤 사태를 수용자에게 이해시키는 방식을 말한다. 이는 추상적 개념과 논증으로 어떤 사태를 이해시키는 것이 아니라, 마치 그림과 같은 생생한 표상으로 수용자가 직관적으로 사태를 이해하게 하는 방식이다. 실제로 바움가르텐은 '생생한 illustrantia'이라는 개념의 동의어로 '그림을 그려 주는pingentia'이라는 용어를 제시하고 있다(§ 730). 바움가르텐의 '생생한 논증'이란 개념이 낯설다면 다음과 같은 예를 생각해 봐도 좋

을 것이다. 윤리학이라는 학문이 선과 악의 개념을 추상적으로 논한다면, 문학이나 미술 작품은 어떤 허구적 상(그림)을 통해서 선과 악의 개념을 직관적으로 이해하게 한다.

바움가르텐이 생생한 논증의 가장 근본적인 형식으로 제시하는 것은 '비교comparatio'인데, 그는 큰 것과 작은 것의 비교, 대립적인 것의 비교 등 몇 가지 비교의 사례를 제시하고 설명한다. 더불어 그는 전통적 수사학에서 논의되어 온 '전의tropus'도 비교의 사례로 다루며, 전의의 구체적 기법으로 은유, 환유, 반어, 제유 등을 언급한다. 미감적 선명성 내지 빛에 관한 부분에서 바움가르텐이 마지막으로 다루는 논제는 '미감적 기적론Thaumaturgia aesthetica'이다. 원래 기적론이 예수와 관련된 경이로운 기적을 논하는 신학의 분과라면, 여기서 그가 이 "편의상"(§808)의 명칭 아래 다루려는 것은 예술에서의 '경이로운 것', '새로운 것'이란 논제이다.

새로움의 빛은 표상들을 비상하게 밝혀 준다. 새로운 것의 직관적 인식, 즉 경탄은 호기심을 일깨우고, 호기심은 주의력을 일깨우며, 주의력은 생생히 그려져야 할 사태에 새로운 빛을 던져 준다. 그러므로 아름답게 사유되는 사물들은 그것들이 명확히 이해되려면, 그 새로움을 통해 경탄을, 경탄을 통해 사태에 대한 좀 더 명석한 인식의 노력을, 끝으로 사태에 대한 좀 더 명석한 인식의 노력을 통해 주의력을 일깨우는 그런 것들로서 제시되는 것이 좋을 것이다(§ 808 – 강조는 원문에 근거함).

성공적인 심미가가 수용자의 주의를 끌고자 한다면 서술과 묘사에서 새로움을 드러내도록 노력해야 할 것이다. 바움가르텐은 예술에서 '새로운 소재와 대상'의 기능에 높은 가치를 부여하지만, 이 요소의 지나친 사용에 대해서는 경고를 보낸다(§ 812). 여기서도 그의 주장에 담긴 핵심은 바로 자연스러움과 개연성이다. 새로운 요소에 지나치게 몰두하면 작품 전체의 균형을 깰 수 있으며 수용자에게도 의도대로의 영향을 줄 수 없다는 것이 그의 견해이다(§§ 812-818). 예술에서 새로움의 긍정적 기능은 ―바움가르텐도 말하듯(§ 809)― 기원전 1세기의 저작으로 17~18세기 유럽 지식인들에게 커다란 영향을 미친 호라티우스Horatius, B.C. 65~B.C. 8의 저작 『시학Ars poetica』에서 이미 논의된 것이며, 사실 바움가르텐에 앞서 스위스인들도 이 저작과 새로움이란 논제에 관심을 기울였다. 그리고 바움가르텐 이후 18세기 독일 미학에서 이 논제는 '숭고함'이라는 논제와도 결합하였다.

5) 확실성

『미학』의 출간된 부분에서 다뤄지는 마지막 미의 요건은 '확실성certitudo'이며, 이는 제49-53절(§§ 829-904)에서 논의된다. "유사이성에 의해 획득되어야 할" 이러한 감성적 확실성을 그는 '미감적 설득persuasio'이라고도 부른다(§ 829). 그런데 설득은 —미감적 설득도— 보통 상대방의 마음을 움직여서 어떤 행위를 하게 하는 목적을 갖지만, 이론적인 것에서도 사용된다. 즉 설득은 어떤 주장을 진리인 것으로 믿게 하는, 즉 그 주장에 확실성을 부여하는 기능도 한다(§§ 829, 833).

감성을 이용한 설득은 고대로부터 잘 알려진바, 웅변술과 수사법은 바로 그런 목적을 위한 기예였다. 잘 알려져 있듯 플라톤(과 그의 작품에 등장하는 소크라테스)은 이런 설득 기술의 폐해를 지적한 인물이며, 그의 주요 적대자는 소피스트들이었다(§ 830). 플라톤에 따르면 소피스트들은 교묘한 말솜씨와 거짓된 논리로 사람들을 현혹하여 진실이 아닌 것을 진실로 믿게끔 하는 사기꾼들이었다. 감성이나 이에 근거한 논변에 대한 불신은 앞서 보았듯 데카르트에게서 확인되는 것이지만, 이처럼 그 불신의 역사는 데카르트보다 훨씬 더 멀리 거슬러 올라간다. 그런데 바움가르텐에 따르면 미학이 다루는 미감적 설득은 그런 현혹의 기술과는 거리가 멀다.

> 수사학도 그것의 어머니인 미학도 … 사악한 기예들은 아니며, 오히려 이들 각각은 설득의 명인이 될 수도 있다(§ 834 – 강조는 원문에 근거함).

> 미학은 … 제멋대로의 설득을 산출하지 않고 … 선하고 진실로 우아한 설득을 낳는 것이며 … 또 미학은 기만술이 아니다(§ 835).

이 인용에서 알 수 있듯, 바움가르텐의 미감적 설득은 사실이 아닌 것에 거짓된 확실성을 부여하기 위한 기교가 아니다. 그의 미학에서 제시되는 미감적 설득은 진실을 지향할 뿐 아니라 우아한 풍취마저 지니고 있다. 사실 플라톤 등이 비난한 오랜 전통의 수사학도 그런 사악한 기술은 아니었다. 그리고 이제 그 수사학을 자식처럼 하위 분야로 거느리는 어머니 미학은 더더욱 기만과 현혹의 기술이 아니다. 유사이성으로서의 감성 자체가 착각과 오류의 근원이 아니듯, 감성에 근거한 설득 또한 외연적 명석성을 지닌 표상으로 진리를 전달하는 탁월한 방법이다(§§ 836-837). 물론 이 진리는 논리적 진리가 아니라 미감적 진리, 다시 말해 개연성으로서의 진리이다.

> 미감적으로 설득하려는 사람은 … 자신의 작품들에 개연성을 부여할 줄 알며 … 이 개연성에 필연적 빛을 부여할 줄 안다. 이 개연성이 주어지면, 우리가 모색하는 설득도 주어진 셈이다(§ 839).

설득의 관점에서 이 개연성을 다르게 명명한다면, 그것

은 "미감적 명증성Evidentia aesthetica"이다(§ 847). 이에 관해 바움가르텐은 다음과 같이 말한다.

> 더 많고 더 커다란 진리들이 명석하면서도 감성적일수록, 그리하여 설득 시에 너의 개인적 대상들을 더욱 생동적으로 정신의 눈앞에 가져가면 가져갈수록, 설득은 더 커지며 거기에 수반되는 명증성도 더욱 커진다(§ 853).

여기서 바움가르텐은 설득에 동원되는 감성적 명증성의 성격을 앞서 논의된 '생생한 논증'의 성격과 연관지어 규정하고 있다. 생생한 논증이 그림과 같은 생생한 표상으로 수용자가 직관적으로 사태를 '이해'하게 하는 방식이었다면, 미감적 명증성이란 마치 대상을 눈앞에 펼쳐 보이는 듯 풍요하고 생동적인 표상으로 수용자를 즉각적으로 '설득'할 수 있는 명증성으로 정의된다.

바움가르텐에 따르면, 논리적인 논증에서 '확증confirmatio'의 방법과 '질책reprehensio'의 방법이 구분되듯, 미감적 명증성도 이 두 가지로 나눌 수 있다. 여기서 확증이란 상대방으로 하여금 믿게 하려는 사실을 곧바로 주장하는 방식을 말하며, 질책이란 자신의 견해와 대립하는 주장의 허위성을 입증하여 자기 견해에 확실성을 부여하는 간접적 논증 방식을 가리킨다. 오늘날의 용어와 비교해 본다면 확증은 본증本證으로, 질책은 반증反證으로 이해될 수 있을 것이다. 바움가르텐은 미감적 의미의 확증과 질책을 각기 제51절과 제52절에서 다루는데, 여기서는 주로 전승된 수사학에서의 예들이 제시되고 있다. 그가 마지막으로 다루는 개념은 '설득적 논증'이며, 이는 다음과 같이 정의된다.

주어진 표상에 감성적 확실성을 부여할 수 있는 논증은 설득적이다. 즉 어떤 것을 생생한 방식으로 입증하고 아름다운 개연성을 드러내 주는 모든 논거들, 모든 수사학적 표현법들figurae은 설득적인 것이 될 것이다(§ 900 – 강조는 원문에 근거함).

여기서 주장되는 내용은 앞서 논의된 틀에서 크게 벗어나지 않는다. 사실 '미감적 설득'이나 '미감적 명증성' 그리고 '설득적 논증'이라는 말들은 동일한 사태를 각기 다른 각도에서 지칭하는 개념들이라 이해하여도 좋을 것이다. 대상을 눈앞에 펼쳐 보이는 듯 풍요하고 생동적인 표상을 수용자에게 전달한다고 할 때, 이 표상은 미감적 명증성(혹은 외연적 명석성)을 지니는 것이며, 이런 표상에 의해 수용자를 설득한다면 이는 미감적 설득이고, 이런 설득을 일종의 논증이라 본다면 그것은 바움가르텐에 의해 설득적 논증이라 불린다. 그는 설득적 논증에 이용되는 몇 가지 수사학적 기재를 소개하는 것으로 이 저작을 끝마친다.

맺음말

바움가르텐의 『미학』은 미학사에서 항상 언급되는 저작이지만 출간 당시나 이후나 그리 널리 읽히는 책이 아니었다. 그 이유에는 여러 가지가 있겠지만, 우선 꼽을 수 있는 것은 세 가지이다. 첫째로, 이 책은 딱딱하고 이해하기 쉽지 않은 신 라틴어로 집필되었기 때문에 일반 독자들의 접근이 쉽지 않았다. 바움가르텐의 라틴어 문체는 생전에도 독자들의 불평을 낳곤 했으며, 특히 『미학』의 문체는 악명이 높았다. 둘째로, 18세기 독자들에게는 바움가르텐의 난해한 『미학』을 읽지 않고도 그 사상에 접근할 수 있는 통로가 열려 있었다. 그 통로란 바로 바움가르텐의 제자 게오

르크 프리드리히 마이어Georg Friedrich Meier, 1718~1777의 『모든 아름다운 학문의 시초 근거Anfangsgründe aller schönen Künste』(1748)란 책이었다. 마이어는 스승의 강의 내용에 기초해서 이 저술을 냈는데, 이 책은 유려한 독일어로 집필되었기에 대중적인 인기를 누릴 수 있었다. 이 책에서 마이어는 모든 내용이 스승의 사상에 전적으로 의존한 것이며 바움가르텐이야말로 독일 미학의 창시자라 밝혔고, 바움가르텐도 마이어의 저작을 자기 미학의 해설서로 공인했다. 그렇지만 『미학』 제1권보다 2년 일찍 출간된 이 책은 바움가르텐 미학으로의 직접적 접근을 저해했으며, 더 나아가 그의 사상과는 차이가 나는 견해를 적잖이 담고 있었다(이 점은 바움가르텐과 마이어도 이미 알고 있었다 한다). 그럼에도 불구하고 마이어의 저작이 곧 바움가르텐의 미학 사상이라는 그릇된 공식은 꽤 오랫동안 통용되었다. 마지막으로, 칸트의 『판단력 비판』(1790)은 미를 철저히 주관화시켜 객관적 진리나 윤리 원칙과는 분리된 영역에 있게 했으며, 이런 관점은 오늘날까지도 유효한 것으로 간주되고 있다. 물론 미는 이미 바움가르텐에게도 독자적 인식력인 감성의 사안으로 이해되었다. 하지만 그에게 미는 여전히 (객관적인) 형이상학적 진리에 연결되어 있었던 반면, 칸트에게 미는 오로지 주체의 감성에만 결부되었다. 칸트의 주관주의 미학은 선행한 독일 합리론 미학 전통—여기에는 바움가르텐뿐 아니라 고트셰트나 스위스인들, 멘델스존Mendelssohn, 줄처Sulzer, 빙켈만 Winckelmann 그리고 레싱Lessing 등이 개진한 사상도 속한다— 에 종지부를 찍었으며, 이 사상 전통을 미학사의 사소한 에 피소드로 만들어 버렸다. 바움가르텐 또한 '미학'이란 학문 명의 창시자란 기억만 남겨둔 채 오랫동안 망각의 그늘에 서 나올 수 없었다.

20세기 초 이탈리아 미학자 베네데토 크로체Benedetto Croce 의 진술은 이 망각이 최소한 백 년 이상 지속되었음을 알게 해 준다. 1909년 출간된 저작에서 그가 바움가르텐을 가리 켜 학명을 제시한 것 외에는 아무런 독창성도 볼 수 없었던 사상가로 폄하하기 때문이다. 그러나 크로체가 바움가르 텐 저작의 성실한 독서와 이해의 노력에 근거해 이런 평가 를 내린 것이라고 믿는 사람은 오늘날 별로 없다. 바움가르 텐이 이런 망각과 몰이해의 그늘에서 빠져나오게 된 것은

1920~30년대부터이다. 당시 알프레트 보임러Alfred Baeumler나 알베르트 리만Albert Riemann 등의 독일 철학자들은 독일 합리론 미학을 새롭게 조명하기 시작했으며, 바움가르텐 저작의 독서에 근거해 그 사상의 진면목을 드러내는 작업에도 착수했다. 이들은 무엇보다 바움가르텐의 미학 사상이 지닌 혁신적 측면에 주목했으며, 그의 미학 저작과 칸트의 미학 사이에 놓인 연속성 또한 부각하려 했다. 같은 시기 에른스트 카시러Ernst Cassirer는 유럽 계몽주의에 관한 그의 명저에서 바움가르텐의 미학이 미와 예술에 관한 서양 사유에서 신기원을 연 것이라고 밝혔다. 이런 견해는 이제 고전에 속하는 캐서린 에브리트 길버트Katharine Everett Gilbert와 헬무트 쿤Helmut Kuhn의 공저서 『미학사A History of Esthetics』(1939)에서도 발견된다.

2차 대전 후인 1960~70년대에 독일에서는 독일 합리론의 미학 전통에 속하는 많은 저작이 18세기 출판물의 영인본 형태로 재발간되었으며, 이 중에는 바움가르텐의 『미학』도 포함되었다. 그러나 바움가르텐의 라틴어는 20세기 독자에게 더더욱 접근하기 어려운 것이었다(조선시대 한

문 문헌에 대한 우리의 접근 가능성과 비교해 보면 상황을 이해할 수 있을 것이다). 그러던 중 1983년 한스 루돌프 슈바이처Hans Rudolf Schweizer가 『미학』의 주요 부분을 독일어로 옮겼고, 이것이 『미학』의 최초 독일어 번역본이 되었다. 이후 『미학』에 대한 독일 독자들의 접근은 훨씬 더 용이해졌고, 실제로 1980~90년대 많은 연구문헌은 이 번역본을 십분 활용했다. 물론 모든 연구가 이 번역본에 의존했다는 뜻은 아니며, 또 이 번역본은 완역이 아니었기에 바움가르텐의 미학 사상 전모를 파악하게 하기에는 부족함이 있었다.

『미학』의 현대어 번역에 관해 잠깐 살펴보면, 슈바이처의 발췌 번역본 이후 프랑스에서도 1988년 최초의 프랑스어 발췌 번역본이 나왔다. 그리고 이탈리아에서는 최초의 완역본 두 종이 출간되었는바, 이 두 종의 이탈리아어 완역본은 각기 1992년과 2000년에 간행되었다. 그런데 이탈리아어 완역본들은 최초의 현대어 완역본은 아니었다. 그보다 앞선 1987년 일본어 완역본이 출간되었기 때문이다. 바움가르텐의 집필 언어가 아니라 강의 언어였던 독일어로 『미학』이 완역된 것은 그로부터 20년 후이다. 독일 튀빙겐

대학의 여성 철학자인 다그마르 미르바흐Dagmar Mirbach가 상세한 해제와 주석 및 부록 자료를 포함한 『미학』의 독일어 완역본을 2007년에 간행한 것이다. 이렇듯 바움가르텐의 『미학』은 제2권이 출간되고 거의 250년이 지난 후에야 독일어로 완역되었다.

　마지막으로 『미학』 연구사에서 주요 경향 변화를 간단히 짚어 보면, 먼저 1920~30년대 독일의 바움가르텐 연구에서는 '독창성 없는 사상가'라는 기존의 몰이해를 불식시키려는 노력이 나타났다. 당시 연구에서는 바움가르텐이 비록 라이프니츠-볼프주의의 지대한 영향을 받은 사상가지만 결코 그 영향 속에 머물기만 한 것은 아니라는 점이 부각되었다. 감성은 라이프니츠와 볼프의 인식 내지 지각의 사다리에서 —데카르트의 관점에 비해 가치절상을 경험하지만— 여전히 낮은 단계의 인간 능력에 머물렀다. 반면 바움가르텐은 이 인식 단계설을 받아들이면서도 '외연적 명석성'이라는 개념으로 감성 영역의 독자성을 주장했으며, 경우에 따라서는 이른바 상위 인식 능력에 대한 감성의 우월성을 암시하기도 했다. 1920~30년대의 해석자들에게 이러한 바움가르텐의 관점은 칸트가 제시한 자율성 미학의 기반을 형성한 것이라고 이해되었다. 즉 이들의 눈에는 바움가르텐과 칸트 사이에 뚜렷한 연속선이 그려지고 있었다.

1970~80년대는 바움가르텐 미학에 대한 전반적인 재독서와 재해석의 노력이 이뤄졌던 시대이다. 당시에는 바움가르텐이 칸트 미학의 기반을 제공한 사상가 정도로 평가되는 대신 그의 미학이 지닌 독자적 문제의식과 구도, 관점 등이 치밀하게 분석되었다. 그의 사상이 지닌 독자성에 대한 좀 더 근본적인 이해가 시도되었던 것이다. 이런 시도 중에서 무엇보다 돋보이는 저작을 꼽으라면 우어줄라 프랑케 Ursula Franke의 『인식으로서의 예술. 바움가르텐의 미학에서 감성의 역할 Kunst als Erkenntnis, Die Rolle der Sinnlichkeit in der Ästhetik des A. G. Baumgarten』(1972)과 하인츠 페촐트 Heinz Paetzold의 『독일 관념론의 미학. 바움가르텐, 칸트, 셸링, 헤겔 및 쇼펜하우어에서 미감적 합리성의 이념에 관하여 Ästhetik des deutschen Idealismus. Zur Idee ästhetischer Rationalität bei Baumgarten, Kant, Schelling, Hegel und Schopenhauer』(1983)를 들 수 있다. 특히 프랑케의 저작은 오늘날까지도 바움가르텐 미학의 표준적 연구서로 공인되고 있다.

1990년대 이후 바움가르텐의 미학에 관한 연구는 1970년대 이래 경향의 연장선 위에 놓여 있긴 하다. 그러나 그의 미학을 감성의 인식론과 미의 이론 그리고 예술의 이론으로 나누어 고찰하고 이를 다시 종합하려는 시도보다는 '새로운 인간성의 기획'으로 해석하는 방향이 대두하고 있다. 즉 1990년대 이후의 연구들은 바움가르텐 미학의 '총체적 인간 육성'의 이상적 기획을 드러내는 데 많은 관심을 기울이고 있다. 일찍이 칸트와 동시대인이었던 독일 사상가 요한 고트프리트 헤르더Johann Gottfried Herder, 1744~1803는 바움가르텐의 미학에서 "새로운 휴머니즘의 명령"을 볼 수 있다고 말한 바 있다. 여기서 '새로운 휴머니즘'이란 이성 일변도의 독일 합리론적 계몽주의를 비판하고 인간의 감성과 지성 모두를 동등하게 평가하려는 관점을 의미한다. 헤르더의 눈에 바움가르텐의 미학은 감성 능력의 새로운 평가를 통해 지성과 감성을 균형 있게 갖춘 인간 이성의 실현을 촉구한 사상으로 비쳤던 것이다. 주지하듯 근대의 합리론은 20세기에 이르러서도 한동안 그 강력한 영향력을 잃지 않았으며 어쩌면 지금도 그렇다. 이러한 대세 속에서 인간의 이른바 '비합리적인' 감성 영역이 다시 한 번 주목되고 집중적으로 논의 대상이 된 것은 20세기 후반 포스트구조주의 내지 해체론의 등장 이후이다. 포스트 구조주의 내지 해체론의 입장에 동의하든 그렇지 않든, 20세기 후반 이후의 많은 현대사상은 '인간이 과연 이성적이기만 한 존재인가?'라는 물음에 새로이 몰두한다. 오늘날의 바움가르텐 연구는 바로 이러한 관점에서 그의 『미학』에 내재한 선구적 문제의식과 해결의 노력을 파악해 보려는 경향을 다분히 보여 준다. 이런 경향의 최근 연구들 중 상당히 체계적이고 설득력 있는 논증을 보여 주는 저작으로는 슈테펜 W. 그로스 Steffen W. Groß의 『감성적 인식. 인간 인식에 관한 교설로서 미학에 관한 시론Cognitio Sensitiva. Ein Versuch über die Ästhetik als Lehre von der Erkenntnis des Menschen』(2011)이 있다.

이것으로 이 조그마한 입문서를 마친다. 바움가르텐의 『미학』은 아직 우리말로 번역되지 않았기에 독자들이 이 저작에 접근하는 데는 다소 어려움이 있을 것이다. 18세기 한 독일 지식인의 성찰이 낳은 결실을 언젠가는 우리말로 접할 수 있게 되기를 기대하며, 그때까지는 이 작은 책자가

독자들의 궁금증을 해소하는 데 조금이나마 도움이 되기를
소망해 본다.

『미학』의 목차

· 제2권(1758) ·

제1장: 발상론

서언(Praefatio)

목차(Synopsis)

참고문헌

일차 문헌

Baumgarten, Alexander Gottlieb: *Philosophische Betrachtungen über einige Bedingungen des Gedichts* (Lateinisch–Deutsch), übersetzt und mit einer Einleitung hrsg. von Heinz Paetzold, Hamburg 1983.

_____: *Theoretische Ästhetik: Die grundlegenden Abschnitte aus der "Aesthetica" (1750/58)* (Lateinisch–Deutsch), übersetzt und hrsg. von Hans Rudolf Schweizer, Hamburg 1983.

_____: *Texte zur Grundlegung der Ästhetik*, übersetzt und hrsg. von Hans Rudolf Schweizer, Hamburg 1983.

_____: *Metaphysik*, übersetzt von Georg Friedrich Meier, nach dem Text der zweiten, von Johann August Eberhard besorgten Ausgabe 1783, Jena 2004.

_____: *Ästhetik* (Lateinsich–Deutsch), 2 Bde., übersetzt, mit einer Einführung, Anmerkungen und

Registern hrsg. von Dagmar Mirbach, Hamburg 2007.

Poppe, Bernhard: *Alexander Gottlieb Baumgarten. Seine Bedeutung und Stellung in der Leibniz-Wolffschen Philosophie und seine Beziehung zu Kant. Nebst Veröffentlichung einer bisher unbekannten Handschrift der Ästhetik Baumgartens*, Borna / Leipzig 1907.

기타 일차 문헌

Leibniz, Gottfried Wilhelm: *Philosphische Schriften*, hrsg. u. übersetzt von Wolf von Engelhardt und Hans Heinz Holz, Frankfurt am Main 2000 (2. Aufl.), 5 Bde.

Wolff, Christian: *Vernünftige Gedanken von den Kräften des menschlichen Verstandes und Ihrem Richtigen Gebrauche in Erkenntnis der Wahrheit* (=Deutsche Logik), in: ders., *Gesammelte Werke*, hrsg. und bearb. von J. École u. a., Hildesheim 1962ff: Abt. I, Bd. 1.

————————: *Vernünftige Gedanken von Gott, der Welt und der Seele des Menschen* (=Deutsche Metaphysik), in: ders., *Gesammelte Werke*, hrsg. und bearb. von J. École u. a., Hildesheim 1962ff: Abt. I, Bd. 2.

————————: *Psychologia empirica*, in: ders., *Gesammelte Werke*, hrsg. und bearb. von J. École u. a., Hildesheim 1962ff: Abt.

II, Bd. 5.

_____ : *Einleitende Abhandlung über Philosophie im allge-
meinen* (*Discursus Praeliminaris de Philosophia in Genere*),
übersetzt, eingeleitet und herausgegeben von Günter Gaw-
lick und Lothar Kreimendahl, Stuttgart / Bad Canstatt 2006.

이차 문헌

Baeumler, Alfred: *Das Irrationalitätsproblem in der Ästhetik und
Logik des 18. Jahrhunderts bis zur Kritik der Urteilskraft*, Hal-
le 1923, Nachdruck: Darmstadt 1967.

Corr, Charles A.: *Christian Wolff and Leibniz*, in: *Journal of the Histo-
ry of Ideas*, Vol. 36, No. 2 (1975), 241-262쪽.

Jäger, Michael: *Kommentierende Einführung in Baumgartens "Aes-
thetica". Zur entstehende wissenschaftliche Ästhetik des 18.
Jahrhunderts in Deutschland*, Hildesheim / New York 1980.

Mirbach, Dagmar: *Dichtung als repraesentatio: G. W. Leibniz und A.
G. Baumgarten*, in: Hans Feger (Hrsg.): *Handbuch Literatur
und Philosophie*, Stuttgart / Weimar 2012, 10-20쪽.

Ränsch-Trill, Barbara: *Phantasie. Welterkenntnis und Welterschaf-
fung. Zur philosophische Theore der Einbildungskraft*, Bonn
1996.

Scheer, Brigitte, *Einführung in die philosophische Ästhetik*, Darmstadt 1997.

Sommer, Robert, *Grundzüge einer Geschichte der deutschen Psychologie und Aesthetik. Von Wolff-Baumgarten bis Kant-Schiller*, Würzburg 1892, Nachdruck: Amsterdam 1966.

게르트 위딩, 『고전수사학』, 박성철 옮김, 동문선, 2003.

김수현, 「A. G. Baumgarten의 《Aesthetica》의 근원적 의미」, 서울대학교 미학과 석사논문, 1987.